DISCOURS

SUR

L'ORIGINE DES GOUVERNEMENS

ET DES ARTISANS

DE LA DÉPRAVATION DES HOMMES,

Ainsi que sur les moyens et la nécessité d'un nouveau système de civilisation ; suivi d'un Essai philosophique sur le fondement des Opinions religieuses, et de la destinée de l'homme, en vers libres.

Nunc accipe quare
Desipiant omnes, æque ac-tu..... Hor.

Que les hommes sons fous ! quand verrons-nous le tems
Où les peuples seront libres, unis, contens ?
« Lorsqu'ils auront été civilisés pour l'être :
» Lorsqu'ils n'auront que Dieu la nature, pour maître ».

Il ne saurait y avoir d'injure, où il n'y a pas de propriété.
LOKE.

A PARIS.

Chez { DEBRAY, Palais Egalité, galerie de bois, no. 235.
{ DESENNE, Palais Egalité, no. 1.

AN VIII.

AVERTISSEMENT.

Cet ouvrage était sous presse avant la journée du 18 brumaire : fasse le ciel qu'elle soit le terme des divisions homicides , et l'époque d'une civilisation régénératrice des peuples de l'Europe ! Le jeune conquérant de l'Italie et des États de Venise , écrivit, si je m'en souviens bien, au duc Charles , pour inviter l'empereur à la paix : « Que les chances de la guerre pour-
» raient se déclarer en faveur de ce dernier ;
» mais que l'Allemagne n'en serait pas moins
» ravagée ; que quant à lui , il s'estimerait plus
» heureux d'avoir sauvé la vie à un homme ,
» que d'avoir remporté les plus belles vic-
» toires ». Il a dit, dans son discours au direc-
toire , en lui présentant le traité de Campo-Formio : « Que lorsque le bonheur des Français
» serait assis sur les meilleures lois organiques,
» l'Europe serait libre ».

La haute espérance que je conçus du cœur et du génie de ce général , pour le bien de l'humanité, me détermina à lui envoyer un volume des ouvrages que j'avais distribués, à différentes époques, à la représentation nationale , lequel probablement ne lui est pas parvenu, puisqu'il ne m'en a pas accusé la réception.

Que de trahisons ! que de brigandages ! que de massacres ! que de misères ! que d'horreurs, depuis son départ pour l'Egypte !

A son retour inopiné, j'ai crû devoir reprendre la plume, pour remettre sous les yeux du gouvernement français, dans ce discours, tous mes principes puisés dans le sein de la nature, la constitution naturelle de l'homme, les lumières acquises et l'expérience de tous les siècles, afin de lui faire mieux sentir la nécessité de l'organisation d'une instruction publique dans l'art social, ainsi que d'un gouvernement provisoire, le plus capable de lutter, en attendant, contre les inconvéniens désastreux qui naissent du système de civilisation originairement et progressivement établi par l'égoïsme aveugle et féroce de la tyrannie et de l'imposture ; système qui n'a opéré que la dépravation, l'abrutissement et la destruction des hommes les uns par les autres.

J'espère que mes vœux pour le salut de l'espèce humaine, seront accomplis, par la preuve que le conquérant de l'Italie, de Malthe et de l'Egypte, aujourd'hui Consul, donnera au monde, que la Providence l'a formé pour être le plus sage législateur, comme le plus grand homme de guerre qui ait jamais existé.

DISCOURS

SUR

L'ORIGINE DES GOUVERNEMENS

ET DES ARTISANS

DE LA DÉPRAVATION DES HOMMES.

O vous tous, habitans de la terre, qui n'est qu'un atôme dans l'immensité ; qui tenez le premier rang parmi des milliers de différentes espèces ou familles d'animaux dont vous pouvez disposer, ainsi que de toutes les autres productions du globe terrestre ; qui ne formez qu'une seule et même espèce dans l'ordre physique ou la nature, que pour ne former qu'une seule et même famille dans l'ordre moral ou société civile !

Dites-nous par quelle fatalité la nature ou l'ordre physique vous ayant fait naître tous égaux, libres et indépendans les uns des autres, avec un droit égal à ses bienfaits, pour ne les faire servir qu'à vous rendre et vous conserver heureux les uns par les autres, vous avez souffert, pendant tant de siècles, que quelques individus, vos semblables, se soient emparés de l'empire de la terre et du ciel, ainsi que de tous les bienfaits de la nature, pour ne les faire servir qu'à vous prédominer, vous en imposer, vous égarer, vous abrutir, vous diviser, vous

I

armer, vous corrompre, vous trahir, vous vendre et vous faire détruire les uns par les autres, dans l'ordre moral ou société civile ?

Apprenez donc enfin à connaître les causes originelles et progressives de tant d'égaremens, ainsi que la nécessité et les moyens de les faire cesser, sinon tout-à-fait pendant la génération présente, à cause de l'habitude homicide qu'en ont contractée vos tyrans, vos imposteurs et vous-même, du moins pour en garantir à jamais les races futures.

Dans cette vue, j'exposerai, dans la première partie de ce discours, le détail rapide des causes physiques et morales de la dépravation et de la destruction des hommes ; dans la deuxième, la nécessité et les moyens de les faire cesser ; dans la troisième, je tâcherai d'anéantir le système paradoxal, absurde, immoral et inhumain du trop célèbre citoyen de Genève, dans son discours sur l'origine et le fondement de l'inégalité parmi les hommes.

J'invoque, sur un sujet auquel le salut du genre humain se trouve essentiellement lié, toute l'attention, les lumières et les talens de mes semblables animés du même zèle.

PREMIÈRE PARTIE.

Ceux qui vous ont dit et qui vous diraient encore que vous n'êtes point nés tous égaux, libres et indépendans les uns des autres, avec un droit égal aux bienfaits de la nature, dans l'ordre moral ou société civile, comme dans l'ordre physique ou la nature, sont des imposteurs.

Ceux qui ont osé ou qui oseraient encore nier que l'ordre moral ou société civile n'a pû ni dû étre organisé et consenti par vous, que pour mieux vous garantir et vous assurer la plénitude de vos droits, qu'elle ne saurait l'étre dans l'ordre physique ou la nature, ne peuvent être que des imposteurs, des êtres dépravés, et par conséquent des monstres dans l'ordre moral ou société civile.

Qu'ils sont égarés ceux qui, convaincus de la vérité du fait que la société civile, telle qu'elle a été originairement, et qu'elle est encore aujourd'hui fondée, n'est qu'une dépravation de l'espèce humaine, et la cause de ses malheurs, vous diraient que les hommes n'ont pu s'associer sans faire le sacrifice d'une portion de leurs droits, afin de conserver l'autre ! car c'est une erreur et une inconséquence de raisonnement et de principe qui ne peuvent provenir que de l'habitude qu'ils ont contractée de cette civilisation, qu'ils conviennent n'être qu'une dépravation, qui n'a pu exiger le sacrifice d'une partie de vos droits, sans entraîner la perte de tous les autres, ainsi que vous en serez convaincus par la suite de ce discours.

Cependant, quoiqu'il soit très-vrai que vous soyez nés égaux, libres et indépendans les uns des autres avec un droit égal aux bienfaits de la nature, dans l'ordre physique, et que l'ordre moral où société civile n'ait pû ni dû être institué, organisé, ni con-

senti par vous, que pour mieux vous faire jouir de
la plénitude de vos droits, que dans l'ordre physique, il est également vrai de dire que vous n'arri-
vez pas au monde avec la connaissance de ces mêmes
droits, ni encore moins avec la pratique d'aucune
règle sûre pour vous bien conduire en société, ni
pour mettre à profit les bienfaits dont la nature vous
a comblés; comme le castor, l'abeille et la fourmi,
chez lesquels la nature ou l'ordre physique a établi
différentes sortes de gouvernemens, et qui se con-
duisent de manière à se faire admirer par tous les
connaisseurs.

Vous n'êtes pas nés plus sociaux que les quadrupèdes qui ne vivent pas naturellement en société :
vous apportez, comme eux, en naissant un germe
d'égoïsme d'orgueil et d'appétit qui vous font emparer de tout ce qui vous plaît ; comme les chevaux et
les taureaux, des femelles et des pâturages, à moins
qu'ils n'aient été dressés, domptés, apprivoisés et
rendus domestiques ; sinon les plus forts font toujours la loi aux plus faibles.

C'est ainsi que, quoique naturellement sociables,
c'est-à-dire, susceptibles d'être rendus sociaux,
mais n'ayant jamais été élevés pour l'être, vous
vous êtes originairement et successivement conduits
comme les brutes qui ne vivent pas naturellement
en société ; et qui n'ont jamais été apprivoisées.
Vous n'avez consulté, comme elles, que votre
égoïsme et vos appetits naturels, pour vous éclairer,
vous conduire et vous gouverner en société civile.

De là vient que les plus forts d'entre vous, se

sont originairement et successivement emparés des terres et des femmes ; qu'ils n'en ont donné aux plus faibles que pour les cultiver, les soigner sous leur nom, et leur en rapporter les fruits, comme en usent encore aujourd'hui les despotes envers leurs esclaves.

Ce sont donc les plus forts, qui, ne consultant que leur égoïsme insensé, et leurs appétits effrénés, ont fait la loi aux plus faibles, les ont abrutis par la crainte, ne les ont institués, civilisés et gouvernés en société, que comme leurs esclaves.

Ce sont donc les plus forts qui ont jetté les premiers fondemens de cet ordre moral ou société civile encore existant, qui n'est, dans le vrai, qu'une dépravation de l'espèce humaine.

Telle est donc la première cause originelle des gouvernemens et des artisans des malheurs du monde.

Il est naturel de penser, qu'avant la découverte des métaux et l'établissement du numéraire en or et en argent, les plus forts n'avaient d'intérêt de se battre et de se faire la guerre, que pour les terres et les femmes, ainsi que pour leurs productions ; et que, dans cet état de choses, la classe des vieux et des fénéans, qui n'aimaient, ni les dangers de la guerre, ni les travaux pénibles et avilissans de la servitude, était la classe la plus misérable, comme la plus inutile ;

Il paraît donc conséquent de penser que les plu expérimentés de cette classe, non moins égoïstes, non moins féroces, non moins ambitieux, mais plus habiles, et plus versés dans l'art d'en imposer et de séduire, que les plus forts, inventèrent et mirent en usage tout ce que la ruse, l'hypocrisie, dont les hommes sont susceptibles, peuvent suggérer de plus capable d'éblouir et de séduire la multitude abrutie sous le joug des plus forts.

Ils commencèrent par s'éloigner de la société pour n'y reparaître qu'après avoir combiné tous leurs moyens de réussir ;

Ils se costumèrent et s'annoncèrent par des prestiges, et un langage extraordinaire, comme des hommes envoyés du ciel, chargés de la volonté des dieux qu'ils proclamèrent, fabriquèrent et firent parler, dans tous les climats, selon que les circonstances et le génie de leurs habitans, plus ou moins abrutis par l'habitude de l'esclavage, le leur commandaient :

Ils réussirent si bien que la multitude se prosterna par tout, devant ces imposteurs, et que les plus forts, qui s'étaient emparés de l'empire de la terre, se sentirent obligés de fléchir le genou et de se coaliser, pour se maintenir, avec des hommes qui s'étaient emparés de l'empire du ciel et commandaient au nom des dieux.

Le même intérêt obligea les imposteurs de se coaliser avec les plus forts, afin de se maintenir les uns par les autres.

Les imposteurs s'érigèrent en puissances célestes et instituèrent les plus forts, en puissances terrestres :

Ils sanctionnèrent, au nom du ciel, les lois et

les arrangemens par lesquels les plus forts s'étaient emparés de l'empire de la terre ; ils rendirent sacré le droit de propriété, par lequel les hommes avaient été divisés et armés les uns contre les autres, ainsi que le mariage qui en avait été la suite, par lequel l'espèce humaine fut divisée en des milliers de différentes familles, comme pour en faire autant d'espèces différentes et les armer aussi les unes contre les autres; comme aussi pour consacrer à jamais, par ces homicides mesures, en la personne des plus forts et de leurs descendans, la propriété de l'empire de la terre, dont ils s'étaient originairement et progressivement emparés, afin de s'en faire un rempart inexpugnable pour se maintenir, eux et leurs successeurs, dans la propriété de l'empire du ciel, dont ils se sont aussi originairement et progressivement emparés.

Ils introduisirent l'usage de l'or ou du numéraire métallique, comme étant le moyen le plus capable de séduire, de corrompre, d'intriguer et de trafiquer.

Ce fut par l'or que les individus, les familles, les peuples, les productions de la terre et de l'industrie furent mis à prix, ainsi que les faveurs des puissances terrestres et célestes, dont les tyrans et les imposteurs firent dans tous les tems un trafic et qu'ils vendent encore aujourd'hui au plus offrant et dernier enchérisseur; ce qui acheva d'imprimer et de rendre indestructible le sceau de la division, de la corruption et de la dépravation des individus, des familles et des peuples; porta au plus haut dégré, parmi eux, l'intérêt de se détruire les uns par les autres, et que, pour cet effet, on mit en usage tout ce que la nature ne nous avait donné que pour nous conserver et nous rendre heureux les uns par les autres.

Telle est la seconde et plus funeste époque de l'origine des gouvernemens et des plus barbares artisans des malheurs du monde.

C'est à cette époque de la coalition des imposteurs ou des prêtres, avec les plus forts, qu'on doit rapporter l'origine de tous les différens genres de divinités, de religions, de cultes, d'oracles, de miracles, de temples, d'autels, de trônes, qu'ils ont environnés des armes les plus redoutables de la superstition et de la tyrannie; des costumes de cérémonies, des chimères les plus capables d'en imposer, d'épouvanter, d'éblouir et de s'éduire; d'enfers, de paradis, de peines et de récompenses éternelles dans l'autre monde, sous des dieux vengeurs et rénumérateurs éternels, et de temporelles pour ce monde-ci, sous le nom des tyrans qui en étaient les dieux vengeurs et rénumérateurs temporels.

C'est à cette époque aussi qu'on doit rapporter l'institution du droit de la guerre et d'un dieu des armées, ainsi que toutes les vaines morales d'héroïsme et de vertu sublime, afin de légitimer et de consacrer les actes par lesquels les peuples s'entr'égorgeaient les uns par les autres, pour, par les imposteurs, tranquilles fénéans, à l'ombre de leurs autels et sous la garde de leurs dieux qu'ils avaient fabriqués et fait parler comme ils avaient voulu, se livrant à tous les genres de luxe, à couvert des dangers de la guerre, qu'ils fomentaient et faisaient déclarer quand il leur plaisait, profiter du massacre des peuple/et de la chûte des rois qu'ils n'avaient ainsi institués, civilisés et organisés en société, que pour cimenter leur puissance céleste du sang des hommes et s'enrichir de leurs dépouilles.

Telles sont les causes progressives et les plus funestes de la dépravation du genre humain, qui servent encore aujourd'hui de fondement à la civilisation que vos publicistes ont décoré du nom d'ordre moral ou société civile, et vos despotes de l'Europe, du nom de système politique des nations civilisées.

Or, comme ce sont les imposteurs qui se sont originairement et successivement emparés de votre éducation dans tous les gouvernemens, il est clair que toutes vos facultés naturelles n'ont été élevées, exercées et perfectionnées que pour la défense, le maintien et le service de vos tyrans de vos imposteurs, et de leurs ministres; il est clair que votre raison, n'étant que le résultat de votre éducation et de l'habitude qu'on vous a fait contracter originairement, et successivement d'un ordre moral ou société civile qui n'a pour fondement que la force et la tyrannie, l'imposture et la superstition ; il est clair, dis-je, que toutes les productions, les inventions de l'esprit humain et de l'industrie, ne peuvent que se rapporter au maintien, à la défense et au service des trône et des autels, et qu'à légitimer les actes d'oppression et de persécution de la part des tyrans et des imposteurs, contre tous ceux qui, pour l'amour et par pitié pour vous, ont voulu vous éclairer et s'élever contre un ordre de chose aussi monstrueux.

De là tous les ouvrages d'histoire, de poësie, de mythologie, concernant les dieux, les demi-dieux, les hommes illustres, et toutes les chimères de la fable et des religions.

De là tous les différens codes de droit divin, de la nature et des gens, du droit civil et politique de chaque peuple, du droit de la guerre, et du droit domestique ; lesquels codes ont erigé en principes de gouvernement et en lois, tout ce qu'il a plu à l'égoïsme aveugle et féroce des tyrans et des imposteurs, d'inventer, et d'établir et de sanctionner au nom du ciel, dans tous les climats, pour régulariser et légitimer l'abrutissement, l'oppression, la dépravation des individus, des familles et des peuples ; ainsi que leur destruction les uns par les autres, pour, par les fénéans terrestres et célestes, s'emparer des fruits de vos travaux et se partager vos dépouilles.

Je ne vous dis rien qui ne soit constaté par votre histoire des siècles passés , comme par celle des tems présens, et dont les causes puissent exister ailleurs que dans l'ordre mercenaire, homicide et anti-social qui vous a dépravés et dénaturés.

Ce n'est point assez, il a fallu, pour mieux nous enchaîner à cet ordre monstrueux et destructeur , que vos tyrans et vos imposteurs, aient aussi dépravé la divinité et en aient fait un monstre semblable à eux.

Oui, ils ont eu l'impie et perfide audace de vous dire, d'écrire et de vous persuader que cet ordre dépravateur et destructeur du genre humain, était l'ouvrage de la divinité, de façon que, suivant leur code de droit divin, Dieu étant l'auteur et le vengeur de cet ordre, il devient tout à-la-fois, l'auteur de la dépravation des hommes que cet ordre a opérée et leur éternel bourreau dans l'autre monde ; comme ils s'en sont fait eux-même au nom du ciel, les auteurs et les vengeurs, ainsi que les perpétuels bourreaux dans ce monde-ci.

Les scélérats le savent bien ; mais comme la plupart sont des athées, ou n'ont jamais eu de véritable idée de la divinité, ni de la nature, ils ont mieux aimé s'emparer de l'une et de l'autre, et en faire des monstres, pour rendre leur pouvoir céleste plus redoutable aux rois et aux peuples abrutis.

Ce qui fit dire un jour, à un membre de l'Académie française, Fontenelle, que *si Dieu avait fait les hommes à son image et à sa ressemblance, ils le lui avaient bien rendu.*

De là viennent aussi les précautions de surveillance de la part des gouvernans et de leurs ministres, pour empêcher qu'on ne professe un autre doctrine que celle de leurs écrivains soudoyés.

Ils ont bien souffert dans tous les tems qu'on ait écrit et prêché les principes de la morale la plus pure ; eux-même s'en sont fait un voile et un arme pour masquer et défendre leur hypocrisie et leur turpitude, ainsi que leur monstrueux système de civilisation ; parce qu'ils étaient intimement con-

vaincus que l'habitude de leur systême de dépravation, rendait plus que moralement impossible au
plus grand nombre, la pratique des principes de la
seine morale, et que le germe, ainsi que l'intérêt de
tous les genres de vices et de crimes, que ce
systême dépravateur, faisait nécessairement fer-
menter et produisait dans tous les cœurs et les
esprits, étant infiniment plus forts et plus sédui-
sans, étoufferaient invinciblement tous les germes
et tous les intérêts que la nature y aurait fait naître
pour la pratique des bonnes actions morales et sociables; ainsi que toute espèce de lumière et de
murmure contre leur systême d'abrutissement.

Les gouvernans, les imposteurs, ou les prêtres
et tous les ministres, n'ont surveillé, calomnié,
persécuté, embastillé, que le très-petit nombre de
ceux dont les lumières, les opinions, le courage
et les écrits tendaient à éclairer le plus grand nombre, et à renverser leur systême d'oppression, d'imposture et de dépravation; pour en faire établir à
la place, un autre qui, en rendant les hommes à la
nature, leur eut appris à en connaître les bienfaits
et à ne les faire servir qu'à se rendre plus heureux
les uns par les autres, ainsi que j'en donnai l'idée,
en 1786, dans un discours contre les servitudes publiques, et le plan, dans deux éditions du cathéchisme du genre humain, distribuées, la première,
en 1789, la deuxième en 1793 à la représentation
nationale de France, ainsi que dans un autre ouvrage ayant pour titre les *entretiens du père Gérard*.

Je comptais que la nation française, voulait enfin

secouer le joug de la tyrannie et de l'imposture ; car après avoir mis les biens du clergé sous la main de la nation, supprimé la noblesse et les parlemens, ainsi que tous les priviléges de la féodalité ; décrété la souveraineté du peuple, basé sa nouvelle constitution, ou existence politique, sur sa déclaration des droits de l'homme et du citoyen, déclaré son gouvernement représentatif et démocratique, décrété une instruction publique régénératrice de l'espèce humaine, je crus qu'on ne mettrait à la tête de ce régime nouveau, que des démocrates, je veux dire des hommes, qui, s'ils n'avaient pas été élevés dans les principes de la démocratie, en avaient, sinon la pratique, du moins la théorie, et que, sans proscrire, ni abolir tout à fait les institutions contro nature, dont l'habitude depuis tant de siècles tenait la génération présente dans un état de dépravation, ils organiseraient l'instruction publique de façon à faire contracter la connaissance, la pratique, l'amour et l'habitude des moyens de se rendre et de se conserver heureux les uns par les autres, à tous les nouveaux élèves, qui les transmettraient à la postérité ; avec un gouvernement le plus capable de luter en attendant, contre les inconvéniens qui naissaient de l'habitude du système de dépravation et d'horreur, originairement et progressivement établi et maintenu par les tyrans et les imposteurs.

Aussi n'ai-je rien négligé, auprès de ceux qui jouaient les plus grands rôles dans la représentation nationale, pour que cette instruction publique s'organisât, ainsi qu'un gouvernement sous la raison politique *du peuple français souverain après Dieu, institué en démocratie représentative pour le salut du genre humain.*

De façon que, si mes principes, mes mesures et le plan d'exécution que j'en avais tracé, avaient été adoptés et suivis, la révolution française se fût opérée sans la moindre effusion de sang, et la coalition des tyrans et des imposteurs de l'Europe contre la France, n'eût servi qu'à accélérer leur chute et la liberté des peuples.

Il faudra pourtant bien qu'on en vienne là, tôt ou tard, ou que nous périssions tous ; car les hommes ouvriront enfin les yeux et se lasseront de se prédominer, de s'en imposer, de se diviser, de s'abrutir, de se chicanner, de se voler, de s'assassiner, de se trahir, de s'empoisonner, de se faire la guerre et de se détruire les uns par les autres, comme ils ont toujours fait et font encore aujourd'hui, plus que jamais, pour les beaux yeux de leurs tyrans, de leurs imposteurs et de leurs suppôts, qui n'ont fait jusqu'ici d'autre métier que celui de s'engraisser des fruits de leurs travaux, de leur sang et de leurs dépouilles.

Sans cela, votre condition deviendrait de plus en plus au-dessous de celle des brutes, et plus misérable ; sans cela, je regarderais la révolution française comme le plus grand de tous les fléaux de l'humanité depuis que le monde est monde ; car il s'y est commis plus de crimes, plus de trahisons, plus de brigandage, plus de guerre, plus d'assassinats, plus d'horreurs, qu'on ne peut en compter

durant l'espace de dix-huit siècles ; les vêpres sici-
liennes et les massacres de la St.-Barthélemy n'é-
taient que des jeux d'enfant en comparaison de
ceux de cette révolution.

Les espèces carnacières ne tuent les espèces plus
faibles que pour se nourrir ; mais elles ne se tuent,
ni ne se mangent entr'elles : au lieu que les hommes,
qui ne forment sur la terre qu'une seule et même
espèce ou famille, se tuent et se détruisent sans se
manger ; mais seulement pour assouvir les appétits
effrénés et l'insatiable ambition de leurs gouvernans,
de leurs imposteurs sacrés ou non-sacrés, et de
leurs ministres, qui en ont établi l'intérêt et le
droit monstrueux, par leurs institutions contre
nature, lesquelles n'ont pu produire par conséquent
que des effets contre nature, n'engendrer, ni ne
former que des monstres dans leur ordre moral ou
société civile.

En effet la division des choses, par le partage des
terres ou l'institution de la propriété, en ce qu'elle
a fait cesser et détruire la communauté établie par
la nature, a nécessairement opéré la division des
personnes, et par conséquent leur insociabilité,
avec l'intérêt individuel de faire chacune bande à
part, et d'empiéter sur la propriété d'autrui, ou
même de s'en emparer. L'institution du mariage,
qui a été la suite de l'institution contre nature de la
propriété, qui a détruit et fait cesser la communauté naturelle, sans laquelle il est impossible qu'il
y ait de véritable société civile ; l'institution du
mariage civil, dis-je, a nécessairement opéré la

division de l'espèce humaine en des milliers de familles, comme pour en faire autant d'espèces différentes, avec un degré de plus de dissention et d'insociabilité, que parmi les célibataires, ainsi qu'un intérêt plus fort de faire bande à part, et d'empiéter ou même de s'emparer de la propriété d'autrui, pour grossir le domaine des enfans.

De façon que les familles, plus fortes ou plus distinguées, ont obligé les plus faibles ou d'aller s'établir plus loin, ou de suivre leurs lois ; c'est ainsi que par tout les plus fortes familles ont asservi les plus faibles et en ont fait leurs peuples.

La valeur que, contre le vœu de la nature, on a attachée aux choses, par le moyen de l'or ou du numéraire, a nécessairement opéré et fait naître dans le cœur des personnes, l'intérêt et l'ambition sans borne d'accaparer et de voler les choses et l'or ; sur-tout depuis que, par les institutions contre nature de la propriété et du mariage civil, les personnes et les choses ont cessé d'appartenir à la société ou communauté naturelle, pour n'être livrées qu'au brigandage des individus, des familles et des peuples. Car l'or étant, par la valeur qu'on lui a attachée et l'usage qu'on en fait, le moyen le plus commode pour trafiquer des personnes et des choses, suivant le système politique des tyrans et des imposteurs, il n'a pu être inventé et employé par eux, que pour mettre en mouvement toutes les passions des hommes, et les porter à commettre tous les genres de crimes, comme le fer et tous les autres moyens de destruction et de dépravation, n'ont été également inventés et employés par eux, que pour les faire plus aisément détruire les uns par les autres, par l'appât et la soif de l'or.

Or, comme les individus, les familles et les peuples, ainsi que leur or et toutes leurs richesses, fausses ou factices, sont sous la domination et à la disposition des tyrans, des gouvernans, des imposteurs et de leurs ministres, eux seuls profitent de vos égaremens, de vos folies, de vos crimes, de votre or et de vos prétendues richesses, soit qu'ils punissent, soit qu'ils récompensent ; car en vertu de leurs lois, comme étant par droit d'origine et de succession, les suprêmes assassins, les souverains voleurs de la terre et du ciel, et que, sous ce rapport, tout leur appartient, ils confisquent les biens des petits assassins, des petits voleurs, et ne récompensent ceux qu'ils ont armés pour la défense de leur personne, et qui leur prodiguent lâchement les facultés de leur ame et de leur corps, que des biens et aux dépens des peuples qu'ils pressurent, oppriment et font tuer quand il leur plaît, *au nom du ciel, par la grâce de Dieu ou du saint-siège.*

Vous voyez donc qu'au lieu d'avoir un ordre moral ou société civile, vous n'en avez que la dissolution et un brigandage à la place ; qu'au lieu d'avoir une civilisation, vous n'avez qu'une dépravation.

Vous voyez donc qu'au lieu d'avoir été institués, civilisés et élevés dans l'art de vous rendre et de vous conserver heureux les uns par les autres, vous n'avez été institués, civilisés, élevés et perfectionnés que dans l'act de vous rendre malheureux et de vous détruire les uns par les autres.

Tels sont donc les effets immédiats des institutions contre nature qui servent encore aujourd'hui de fondement à votre civilisation , lesqu'elles n'ont pu opérer , comme elles n'opèrent encore aujourd'hui, plus que jamais, que des effets contre nature, n'ont pu engendrer, ni ne former que des monstres dans l'ordre moral ou société civile.

Il s'en était formé de trois espèces en Europe : la première, sous le nom de *clergé*, ayant un chef qu'on nommait *pape*, qui exerçait un empire souverain sur les consciences, qui ouvrait ou fermait les portes du paradis et de l'enfer, qui même excommuniait et déposait les rois ou les faisait assassiner quand cela lui convenait ; l'autre, sous le nom de *noblesse*, qui avait le roi pour son chef, et qui jouait auprès du trône le rôle le plus vil, et dans lequel elle faisait consister tout son mérite et sa gloire ; l'autre, sous le nom de *tiers-état*, et c'était celle connue sous le nom de *peuple*, qui nourrissait, entretenait les deux premières, et en était la bête de somme. La première espèce était la plus dépravée sans doute, et la plus dangereuse, en ce que, par état, elle dépravait les deux autres, comme chargée de l'instruction et de l'éducation des enfans et du peuple ; la deuxième était moins dépravée que la première , mais elle était folle et ennivrée des chimères de la naissance , du droit de port-d'arme et du point d'honneur ; ce qui l'obligeait souvent de tirer l'épée et de s'entr'égorger ; la troisième était la plus abrutie, mais bien moins dépravée que les deux autres, en ce qu'elle était la plus laborieuse, et que sa dépravation ne consistait que dans la croyance des chimères de la superstition dont les prêtres avaient encrouté son ame, et dans la crainte d'être damnée, si elle ne payait pas exactement la dixme à son curé, et n'allait pas à la messe.

Tels sont donc les effets de votre ordre mercénaire, homicide et anti-social, auquel votre ignorance, votre insouciance et votre lâcheté, vous tiennent encore enchaînés par l'habitude de tant de siècles d'erreur, d'oppression et de malheur ; et qui, comme vous venez de le voir, n'a pu produire, comme il n'a produit, d'individu à individu, de famille à famille et de peuple à peuple, que l'intérêt monstrueux de vous prédominer, de vous en imposer, de vous diviser, de vous abrutir, de vous voler, de vous chicanner, de vous ruiner, de vous affamer, de vous trahir, de vous faire la guerre, de vous vendre à vos ennemis, et de vous détruire les uns par les autres, pour, par vos gouvernans, leurs imposteurs, leurs ministres et leurs dociles valets, s'emparer des fruits de vos travaux et se partager vos dépouilles.

Voilà donc comment l'égoïsme aveugle et féroce d'un très petit nombre d'individus vos semblables, les a portés à s'emparer de l'empire de la terre et du ciel, ainsi que des facultés de votre ame et de votre corps, et de tous les autres bienfaits de la nature, pour ne les faire servir qu'à leur déprava-

tion, à la vôtre, à celle de la nature, et même de
la divinité, dont ils n'ont fait que des monstres semblables à eux, pour le maintien de leur ordre mercenaire, homicide et anti-social, qui n'a pû former
que des esclaves, des voleurs, des assassins et des
mendians.

S'il vous fallait de plus fortes preuves, je vous
enverrais, pour en être plus amplement informés, à
votre histoire.

Vous seriez convaincus, que les malheurs des
anciens peuples, ainsi que la chute des plus grands
empires, n'ont été opérés, que par le fait de leurs
gouvernans et de leurs imposteurs, que cet ordre
contre nature, avait rendus beaucoup plus dépravés que les gouvernés.

Vous acquérerez la même conviction par l'histoire des tems modernes : car si vous allez en Russie
et à Constantinople, vous apprendrez que, pour
intéresser leurs esclaves à la défense de leurs trônes,
leur code divin porte, comme article de foi, que
leurs esclaves qui se font tuer, en combatant pour
leur souverain, vont droit en paradis, sinon à tous
les diables.

Si vous allez au Japon, vous apprendrez que
son empereur, d'un seul regard, oblige un courti-
san d'aller s'ouvrir le ventre, et toute sa famille
avec lui, dans une salle basse de sa maison ; que
pour le crime d'un seul, il fait brûler toute sa
rue, et par conséquent périr tant d'innocens pour
un seul coupable. Il faut, comme dit Montesquieu,
que cette nation soit bien portée au crime, pour

qu'il lui ait fallu des lois aussi barbares. En un mot,
allez chez tous les peuples de la terre, où il y a des
gouvernans et des prêtres, qui n'ont consulté que leur
égoïsme et leurs appétits pour civiliser les hommes
et les organiser en société, au lieu de n'avoir consulté que l'ordre physique ou la nature, vous verrez
qu'on s'y détruit plus ou moins, selon qu'on s'en
est plus ou moins écarté.

Enfin, je vous enverrai à la politique du ministre
actuel du roi d'Angleterre, le plus fameux filou de
l'empire des mers et de l'or des quatre parties
du monde.

Il vous dira qu'il faut que toutes les nations se
baissent devant le pavillon anglais, ou qu'elles péris-
sent : il vous dira que lord Chatan, son père, qui
était possédé de la même rage, lui a fait jurer
une haine éternelle contre la France, comme Amil-
car à son fils Annibal, contre les Romains, pour
avoir osé, comme Rome à Carthage, lui disputer
son droit de pirate souverain.

Il vous dira que ce n'est que pour maintenir
son droit de pirate souverain, et de maître de
l'empire des mers, que la France lui disputait,
qu'il a saisi l'instant où sa cour, ne sachant plus
de quel bois faire flèche, à cause de ses énormes
dissipations que la politique de Pitt avait grand
soin de fomenter, lui fournissait la plus belle occasion d'exciter en France une révolution qui four-
nirait à son machiavélisme, les moyens les plus
sûrs pour la détruire, en armant contre elle les
tyrans et les imposteurs de l'Europe, avec les diffé-

rens monstres infiniment plus dangereux , qu'elle nourrissait dans son sein ; que pour cet effet il choisit le duc d'Orléans , prince sans génie et sans caractère , mais le plus corrompu , et qui , proscrit à la cour depuis son exil , par la famille royale , avaitle plus vif intérêt à un changement de dinastie dont il croyait que les chances seraient toutes en sa faveur.

Je vous enverrai aux gouvernans de cette révolution dont Pitt, tenait tous les fils et les faisait mouvoir comme ses polichinels : ce qu'ils auraient à vous raconter serait trop long pour ce discours : les feuilles des journalistes ont dû vous informer et vous prouver qu'il semble que ces gouvernans ne se soient entendus que pour se faire couper le cou, les uns par les autres, détruire le peuple, par le peuple qu'ils ont désarmé, ruiné, affamé, démoralisé, et réduit au désespoir ; livrer les finances, les biens nationaux et des rentiers au brigandage, et à l'agiotage, qui ont tout consumé ; organiser l'assassinat des républicains dans tous les départemens ; substituer leur volonté à celle du peuple, pour le choix de ses mendataires dans les conseils et dans tous les genres d'administration ; vendre ses arsenaux, les armées, ses conquêtes, ses alliés à la nouvelle coalition qui en a fait une boucherie, après s'être défait de Bonaparte, qu'ils n'ont envoyé en Egypte, que parce qu'il leur portait ombrage, pour réduire la France dans l'impuissance de résister à ses ennemis du dedans et du dehors, et mettro la patrie en un plus grand danger qu'elle n'était le 10 août 1792 ; car alors elle avait toutes ses ressources, et qu'aujourd'hi qu'elles sont épuisées, il faut que le peuple sacrifie tout ce qui lui reste pour expier les crimes et les trahisons de ses gouvernans et de ses brigands, sans autre justice que celle de les avoir obligés de donner leur démission, de les avoir accusés de toutes ces horreurs ; ni d'autre garantie, pour rétablir la confiance et le crédit, que de les avoir acquittés sans examen, et laissé jouir paisiblement des fruits de tant de forfaits. C'est dans cet état de chose opéré par le machiavélisme de Pitt que, conjointement avec sa nouvelle coalition, il propose de régulariser en France, un gouvernement sur les ruines de la déclaration des droits de l'homme et du citoyen, sur lesquels son nouveau régime est fondé, et d'en cimenter l'édifice du sang des républicains, sous le nom de jacobins ou d'anarchistes, sur lesquels les gouvernans sanguinaires et réactionnaires, non moins barbares et encore plus funestes, ont eu l'infâme lâcheté de rejeter tous leurs crimes pour les livrer aux poignards des amis de la tyrannie et de l'imposture.

Que l'on vous dise donc à présent, qu'elle est la partie de vos droits que vous avez voulu conserver en vous soumettant à un ordre moral, ou société civile aussi monstrueux, que vous n'ayez perdue par le sacrifice de l'autre partie, en transigeant, ainsi que vous le croyez bêtement, avec la nature ou son tout-puissant auteur, pour mettre à leur place des rois pour vous dévorer dans ce monde, comme les grenouilles de la fable d'Esope, et des pontifes ou prêtres pour vous damner dans l'autre.

Il est donc bien prouvé que les hommes n'étant pas nés naturellement sociaux, mais seulement sociables, et que, n'ayant jamais été élevés pour être sociaux, ils n'ont consulté que leur égoïsme et leurs appétits naturels pour se conduire en société avec leurs semblables ; comme les quadrupèdes qui ne vivent pas naturellement en société ; qu'ainsi les plus forts et les plus fourbes ont fait toujours la loi aux plus faibles et aux plus simples ; et que, trop familiers avec la nature, dont ils jouissaient sans en connaître ni apprécier les avantages, ni les bien-faits, ni le besoin qu'ils en avaient, ils l'ont aban-donnée pour ne suivre que les institutions, et les chimères de la tyrannie et de la superstition ; et que l'habitude qu'ils en ont contractée originaire-ment et progressivement, en a fait une maladie incurable pour la génération présente, dont il est essentiel de garantir les générations futures, par l'établissement d'une instruction publique dans l'art social, ainsi que nous en allons établir la nécessité et la possibilité.

DEUXIÈME PARTIE.

L'ORIGINE des hommes n'est pas plus connue, que celle de la nature ou de l'ordre physique, qui ne présente aux regards du petit nombre de ceux qui en contemplent les merveilles, qu'une association de tous les êtres, sous les lois immuables d'un agent invisible et incompréhensible qui les a produits, les conserve, les régit, les soutient, les fait mouvoir, les reproduit et les perpétue les uns par les autres, à qui par conséquent tout appartient ; ce qui forme la constitution ou l'existence politique de l'univers.

Ce qu'il y a de bien certain, c'est que les hommes n'arrivent pas au monde avec la connaissance de leur être, ni encore moins avec la pratique d'aucune règle sûre pour se conserver, se régir, se soutenir, se reproduire et se perpétuer les uns par les autres ; qu'à cet égard, ils naissent plus ineptes et avec plus de besoins que les animaux qui ne vivent pas naturellement en société : ils sont plus exposés que ces derniers aux injures des élémens, des bêtes féroces et même de leurs semblables, jusqu'à ce qu'ils soient parvenus dans l'âge de force ; jusques là, leur mère veille à leur conservation ; mais quand ils en sont éloignés ou séparés, ils courrent chacun les mêmes dangers : ils ont donc besoin de se réunir ensemble et de faire usage de la force et de l'industrie de tous, pour la sûreté de chacun, ainsi que pour pourvoir à tous leurs différens genres de besoins, plus sûrement et plus commodément que s'ils étaient obligés de vivre séparés l'un de l'autre, comme font les ours.

Il paraît donc que la nature a établi chez les hommes plus de besoins que chez les bêtes, qui ne vivent pas naturellement en société, de se rapprocher et d'unir leurs forces, leur industrie et leur intelligence naturelles, pour se garantir des injures des élémens, des bêtes féroces et même de leurs semblables ; comme aussi pour se procurer les moyens de pourvoir plus sûrement et plus commodément à leurs besoins physiques ; ce qui doit faire penser par conséquent, que ce ne peut être que dans cette position primitive et naturelle, qu'on doit placer l'origine et le premier fondement de la société naturelle des hommes, et par conséquent de la société civile ; car tout ce qui n'est pas naturel, ne peut pas entrer dans la civilisation des hommes ; mais seulement dans les spéculations de ceux qui les ont trompés et dépravés, pour n'en faire que leurs esclaves.

Ce qu'il y a de bien certain aussi, c'est que la nature n'a fait naître les castors, les fourmies et les abeilles, avec la pratique des règles sûres pour se conserver, se régir, se soutenir, se reproduire et se perpétuer les uns par les autres, que par ce que chacun des animaux de ces espèces, ne pourrait pas vivre, ni pourvoir à ses besoins, tout seul, sans le concours des forces et des moyens naturels de ses semblables ; de sorte qu'il a fallu que l'auteur de la nature, ne fit pas seulement les avances des mises de ces trois sociétés ; mais encore des moyens et des règles sûres pour les faire valoir, aussi se gouvernent elles d'une manière admirable.

L'auteur de la nature n'en a pas usé de même envers les hommes, pour vivre en société : il leur a bien fait les avances des mises, qui sont le globe terrestre, toutes ses productions, avec les facultés naturelles de leur corps et de leur esprit, qui les rendent sinon sociaux, comme les fourmies, les castors, les abeilles, du moins très-sociables, c'est - à - dire, très - susceptibles do se rendre ou d'être rendus sociaux, comme eux ; mais quant aux moyens et aux règles sûres pour faire valoir les mises dont l'auteur de la nature leur a fait les avances, il en a laissé le choix à leur volonté, qu'il a rendu libre et indépendante de toute autre volonté que de la leur.

De façon que n'étant point nés avec la connaissance, ni encore moins avec la pratique d'aucune règle sûre pour se conserver, se régir, se soutenir, se reproduire et se perpétuer les uns par les autres ; comme le castor, l'abeille et la fourmie, quoiqu'avec les plus belles dispositions naturelles pour en acquérir la connaissance et la pratique, les plus forts et les plus fourbes, ne consultant que leur égoïsme brutal et leurs appétits effrénés, se sont emparés des mises, et n'ont imaginé de moyen et de règle pour les faire valoir, que ceux qui leur ont été suggérés par leur égoïsme brutal, leur orgueil et leurs appétits insatiables; de façon qu'au lieu d'avoir formé une société, ils n'ont formé qu'une dissolution de tout ordre social, qu'une organisation de brigandage, d'assassinat, de guerre, de crime, de misère et d'horreur ; en un mot, un ordre de dépravation et de destruction des hommes les uns par les autres ; de façon qu'ayant abandonné la nature et son ordre, les hommes n'ont plus de règle sûre, ni pour s'éclairer, ni pour se conduire ; mais à la place, des puissances terrestres et célestes qui les oppriment, les égarent et en font leurs esclaves.

Ce qu'il y a de bien certain, c'est que les hommes,

n'existant que dans la nature et par elle, ils ne peuvent trouver ailleurs que dans le sein de cette mère
commune, des règles sûres pour s'éclairer et se bien
conduire ; que tout ce qui n'est point naturel ou ne
se concilie point avec la nature ou l'ordre physique,
ne peut pas être fait pour les hommes, ni les obli-
ger ; ce ne peuvent être, au contraire, que des
mensonges, des chimères, des illusions qui ne
peuvent que les égarer, les dénaturer et les perdre.

Or, comme ce système de tyrannie et d'imposture, qui régit encore aujourd'hui les hommes,
n'est fondé que sur des chimères, des illusions et
des mensonges grossiers, qui n'ont pu opérer que
leur dépravation, ne former que des voleurs, des
assassins, des fénéans, des mendians et des esclaves,
ne produire que l'intérêt monstrueux de l'abrutissement, de la division, de la corruption et de la
destruction des hommes les uns par les autres ; or,
comme la nature n'a pas fait naître les hommes
dépravés, voleurs, assassins, fénéans, mendians,
esclaves, ni pour être les artisans volontaires de
leur destruction ; mais qu'au contraire elle ne leur
a donné le premier rang sur la terre, avec les facultés de leur corps et de leur esprit, que pour en
faire l'embellissement et un séjour de délice, de
paix et de bonheur ; rien n'est plus urgent pour
eux, que d'étouffer ce système de tyrannie, d'imposture, et d'en établir un autre à la place, qui,
en restituant les hommes à la nature, leur mère
commune, ne puisse produire que l'intérêt de ne
puiser que dans son sein les vérités pour s'éclairer,

et les règles sûres pour se conduire , afin de se rendre et de se conserver heureux les uns par les autres.

Dans cette vue, il importe essentiellement de rétablir les rapports des hommes , avec le principe unique de tout ce qui existe , à qui tout appartient , comme leur cause première ; et avec les élémens ou la nature , sous la dépendance desquels ils naissent , croissent , vivent et meurent , comme leur cause seconde , afin de les amener à la connaissance de leur être et à la source dans laquelle seule ils doivent puiser les vérités et les règles sûres pour rétablir entre eux les rapports d'union , de civilisation, d'association et de perfectionnement, dont les dispositions qu'ils apportent en naissant, les rendent susceptibles , afin de se rendre et de se conserver heureux les uns par les autres ; rapports , dispositions qui ont tous été dépravés et anéantis par l'habitude du système monstrueux des tyrans et des imposteurs.

Je dis donc , que le petit nombre de ceux dont les regards se sont pluts à contempler les merveilles de la nature, ou cet ordre inéfable, par lequel tous les êtres qui la composent, se conservent, se régissent, se soutiennent, se reproduisent et se perpétuent les uns par les autres, n'ont pû se défendre d'un sentiment de conviction de l'existence d'un principe unique, d'une cause première de tout ce qui existe , d'un agent nécessaire et incompréhensible, infiniment puissant, infiniment intelligent, infiniment agissant, infiniment parfait, imm passible et inoffensible, sans lequel rien ne pourrait exister, ni continuer d'exister et à qui tout appartient.

En effet, pour peu que l'homme réfléchisse, il sera mathématiquement convaincu, qu'il ne s'est pas fait lui même, ni qu'il ne tire pas le principe de son existence de lui même, pour pouvoir continuer d'exister ; qu'il doit en être de même de ses semblables, ainsi que de tous les êtres qui frappent ses sens; que par conséquent il acquérera une certitude mathématique de l'existence d'une cause première qui l'a fait exister, qui ne peut-être que l'agent qui continue de le faire exister ; et que ses semblables comme lui, peuvent acquérir la même conviction et la même certitude mathématiques de l'existence de leur cause première, ou agent infini.

Il n'en est pas de même de la conviction et de la certitude qu'ils acquièrent, par la voie de leurs sens, de l'existence des êtres qui les environnent, parce que les impressions qu'ils en reçoivent, ne sont que physiques, et que par conséquent ils ne peuvent en acquérir qu'une conviction et une certitude physique : je suis bien convaincu, physiquement, de l'existence de mon corps : je suis bien certain, physiquement, de l'existence des êtres qui m'environnent ; mais non pas mathématiquement.

Ce n'est donc, que par la voie de mon entendement et de ma conscience, que je suis mathématiquement convaincu que je ne me suis pas fait moi-même, et que je ne continue pas d'exister par moi-même, et par conséquent certain mathématiquement de l'existence d'un principe unique, d'un agent qui m'a donné l'être, et qui continue de me le donner, comme étant ma cause première, que nous appelons *Dieu.*

Ce n'est donc, que par la voie et sur le rapport de mes sens, que je suis physiquement convaincu de l'existence de mon corps, et certain de l'existence des êtres sensibles, qui concourent à me faire exister sous la dépendance de la nature, comme étant ma cause seconde, qui ne peut-être que l'ouvrage de la divinité ou sa manière d'opérer en elle-même.

Oui, plus je réfléchis sur les rapports de mon existence avec ma cause première, ainsi que de tout ce qui existe, qui forme le principe d'unité de la constitution universelle ou existence politique de l'univers, plus je suis convaincu, que ce que nous appelons *la nature* ou *l'ordre physique,* ne peut être que la manière dont Dieu opère en lui-même, pour se communiquer, se reproduire, se contempler et se faire contempler dans la magnificence de ses œuvres, et qu'ainsi tout ce qui existe ne peut-être que des émanations des productions, ou des modifications de son existence, de sa substance, de son intelligence et de ses perfections infinies ; comme le tems, et l'espace ne peuvent être aussi que des modifications de son éternité et de son immensité.

Ce qui explique et s'accorde avec la pensée de Virgile, de Lucain, et de tous les philosophes, qui ont le mieux réfléchi sur le principe unique, ou la cause universelle de tout ce qui existe, et à qui tout appartient essentiellement.

Principio , cœlum ac terras camposque liquentes ,
Lucentemque globum lunœ , titaniaque astra ,
Spiritus intus alit , totamque infusa per artus ,
Mens agitat molem et magno se corpore miscet.

VIR.

Jupiter est quodcumque vides, quocumque moveris.

LUCAIN.

Ex nihilo , nihil fit. Unica est substantia ; entia
privata sunt modi substantiæ.   SPI.

Telles sont les idées qui établissent les rapports
de la constitution naturelle des hommes avec Dieu ,
comme leur cause première , et avec la nature ,
comme leur cause seconde ; ainsi que de la nature
avec son auteur, pour ne former qu'un principe
d'unité , qu'on ne peut s'exprimer que sous le nom
de *constitution universelle* ou *existence politique*
de l'univers, dont les diverses constitutions spéci-
fiques ou l'existence des êtres privés , ne peuvent
être que des modifications ; comme le tems, qui
les perpétue, et l'espace qu'ils occupent, ne peuvent
être aussi que des modifications de son éternité et
de son immensité ; de là vient qu'il ne peut y avoir,
pour l'espèce humaine, de vérité , de moralité ,
de droit, de justice, de loi , d'ordre, de politique ,
de système ; en un mot, rien qui puisse éclairer
les hommes , et leur apprendre à se bien conduire
les uns envers les autres , que dans la nature ou
l'ordre physique , qui régit le globe terrestre, où
les hommes tiennent le premier rang , d'après les
rapports de leur constitution spécifique, avec la

constitution universelle ou l'existence politique de l'univers, dont le globe terrestre, et par conséquent les hommes, qui ne peuvent en avoir que l'usage et l'usufruit, font essentiellement partie.

Voyons maintenant si la constitution spécifique des hommes les rend susceptibles de puiser dans le sein de la nature, leur mère commune, les moyens d'établir entr'eux des rapports d'union, de civilisation et d'association, afin de faire valoir les mises dont la nature et son auteur leur ont fait les avances qui consistent dans le globe terrestre et tous les différens genres de ses productions, en animaux, en végétaux, en minéraux, ainsi que dans les instrumens nécessaires pour les faire valoir à leur plus grand avantage, qui sont les facultés de leur corps et de leur esprit, dont il convient de faire l'analyse pour résoudre l'important problême duquel dépend le bonheur ou le malheur de la destinée des hommes, qui se réduit à la question de savoir s'il est possible, ou non, de les instituer, de les civiliser, de les associer, de les perfectionner, d'après le code de la nature, qui ne contient que des vérités et des réalités, de manière à ne faire de la terre qu'un séjour de délices, de palx et de bonheur ; au lieu de les instituer, de les élever, de les perfectionner d'après le code des tyrans et des imposteurs, qui ne renferme que des chimères et des illusions, de manière à ne faire de la terre, comme ils l'ont fait jusqu'ici, qu'un théâtre de crime, de supplice, de misère, de massacre et d'horreur ; ainsi qu'on l'a démontré dans la première partie de ce discours.

Je dis donc qu'en analysant la constitution naturelle des hommes, je vois qu'avec un corps organisé sous une forme différente de celles des brutes ; avec des sens, une imagination et une mémoire ; comme en apportent, en apparence, les quadrupèdes ; avec des instrumens ; comme la voix ; la langue et tous les autres moyens d'articuler des sons, des paroles et des signes pour se faire entendre et communiquer leurs besoins, leurs pensées et leurs diverses affections naturelles ; je vois, dis-je, qu'ils apportent tous en naissant : 1o. Un principe de sensibilité qui les rend plus ou moins susceptibles de douleur et de plaisir, de plus ou de moins d'horreur pour leur destruction, et par conséquent de plus ou de moins d'attachement à la conservation et au bonheur de leur existence ; 2o. Un principe d'intelligence qui les rend plus ou moins susceptibles de discernement et d'appréciation des choses qui peuvent nuire ou profiter à leur existence, et d'acquérir la connaissance des moyens d'éviter la douleur et leur destruction, ainsi que des moyens de se rendre industrieux et capables de pourvoir à leurs besoins physiques, et se garantir des injures des élémens, des bêtes féroces et même de leurs semblables ; 3o. Un principe de volonté, de liberté et de conscience qui les rend plus ou moins susceptibles d'user de ces facultés, sur le choix des moyens de s'éclairer et de se conduire, selon que

leur conscience, leurs appétits naturels et les circonstances le leur commandent ; 4°. Un principe
d'égoïsme, d'orgueil, de vanité et d'appétits, qui
les rend plus ou moins insociaux,(je ne dis pas
insociables, car alors la question serait décidée,
et leur condition pire que celle des brutes) comme
en apportent, en apparence, les quadrupèdes, qui
ne vivent pas naturellement en société, et qui sont
néanmoins susceptibles d'être apprivoisés, domptés,
manégés et rendus domestiques, sans quoi les plus
forts font toujours la loi aux plus faibles de leur
espèce ; comme les hommes les plus forts, qui
n'ont jamais été institués, ni civilisés pour être
rendus sociaux, l'ont faite, la font et la feront
toujours aux plus faibles, jusqu'à ce que, par l'habitude des principes puisés dans le code de la nature, on les ait rendus aussi sociaux, que l'habitude qu'on leur a fait contracter des chimères,
des mensonges, des illusions et des vanités du code
des tyrans et des imposteurs,les a dépravés et rendus
insociables ; car il est de fait constaté par l'histoire
des hommes de tous les tems et de tous les pays,
que n'étant point nés naturellement sociaux, quoique avec plus de besoins de l'être et de moyens
de le devenir, mais n'ayant jamais été élevés pour
l'être, les plus forts, de tous les tems et de tous
les pays, ont voulu être les seuls sensibles, les
seuls intelligens, les seuls libres, les seuls indépendans, et soumettre à leur délire ambitieux,toutes
les facultés naturelles des plus faibles, dont ils se
sont fait un jeu ; comme aujourd'hui, plus que

jamais, qu'il ne leur est plus permis de manifester leur sensibilité, leur intelligence, leur volonté, leur égalité, leur liberté et leur indépendance naturelles, dont les tyrans et les imposteurs, qui s'en sont emparés, ont dépravé et abruti tous les principes qui forment leur constitution naturelle, par l'habitude qu'ils leurs ont fait contracter, des chimères, des mensonges et des illusions de leur code, pour en faire leurs esclaves; comme ils se sont emparés de tous les autres bienfaits de la nature, pour ne les employer qu'à les rendre malheureux et les faire détruire les uns par les autres, notamment chez les nations d'ailleurs les plus éclairées et les plus industrieuses; 5°. Enfin, un principe de perfectionnement ou une perfectibilité, qui rend les hommes susceptibles d'en faire des dieux sur la terre; au lieu de monstres que les plus forts et les plus fourbes, ou les prêtres, qui s'en sont emparés à leur naissance, à leur mariage et à leur mort, en ont fait.

On voit donc, d'après cette analyse des principes qui forment la constitution naturelle des hommes, qu'il est en leur pouvoir de faire le bien, comme le mal; que l'auteur de la nature les a constitués agens libres, ou maîtres absolus du bonheur ou du malheur de leur destinée; que, sous ce rapport, ils ne relèvent pas, comme les autres animaux qui n'agissent que par des impulsions mécaniques, de l'ordre physique, ni même de la divinité, qui ne peut être offensée du mal qu'ils se font, ni de toutes leurs folies, parce qu'eux seuls en souffrent et qu'ils n'en sont que plus à plaindre ; qu'ils ne peuvent pas, à plus forte raison, en accuser la divinité, qui leur a donné le pouvoir de ne pas être des impos-teurs, des fourbes, ni des tyrans, ni des assassins, ni des voleurs ; et que, quoique le principe, l'au-teur et la fin des actions, comme de l'existence des hommes, ainsi que de leur volonté, de leur liberté, qui constituent leur faculté d'agent libre, la mauvaise intention et le mal qui résulte de l'abus qu'ils en font, ne sauraient appartenir à la divinité ; c'est le mal seul, avec l'intention de le commettre, qui est la seule chose dont les hommes puissent se dire propriétaires, et en tirer vanité.

On voit donc qu'il est aussi dans la constitution naturelle des hommes, un principe d'égoïsme et d'appétits, qui, quoique les plus sociables et les plus perfectibles de tous les êtres, les porte natu-rellement, comme les quadrupèdes, qui ne vivent pas naturellement en société, à s'emparer de tout ce qui flatte leur égoïsme brutal, leur orgueil, leur vanité, et excite leurs appétits effrénés ; de là vient que, n'ayant jamais été élevés pour être rendus sociaux, les plus forts et les plus fourbes, qui sont les tyrans et les prêtres, ont originairement et suc-cessivement fait la loi aux plus faibles, et documenté les plus crédules ; de façon qu'ils n'ont reconnu d'autre nature pour s'éclairer, que leur égoïsme brutal, orgueilleux et ambitieux, ni d'autre divinité que leurs appétits effrénés, pour ne s'associer avec les plus faibles et les plus crédules, que comme les lions et les tigres avec les animaux d'une espèce

plus faible : ils ont même poussé l'extravagance
jusqu'à se proclamer propriétaires de la terre et du
ciel, pour s'arroger le droit de commander aux
hommes et même à la divinité, afin de les dépraver,
de les manger dans ce monde, et de les faire tour-
menter éternellement dans l'autre, ainsi que je l'ai
remarqué dans la première partie de ce discours.

On sent combien cet état de choses humaines
répugne à tous les principes d'ordre et du droit de
la nature et de l'humanité ; combien il est exécrable
dans ses effets, et combien, par conséquent, il
importe aux gouvernans de l'étouffer, pour en établir un meilleur à la place, s'ils veulent vivre et
dormir tranquilles.

Car enfin, ils ne peuvent pas se cacher que le
code de la nature, qu'ils ont abandonné et dépravé,
vaut infiniment mieux que leur code qu'ils décorent
du nom de civil et politique ; quoiqu'il ne puisse
être que l'antique monument de la dépravation,
de l'abrutissement et de la destruction des hommes
les uns par les autres ; ils savent bien qu'un homme
ne peut pas être ni plus, ni moins qu'un homme ;
à moins de n'être un monstre de tyrannie et d'imposture, ou dénaturé et dépouillé de sa qualité
d'homme, par l'habitude des chaînes des tyrans et
des chimères des imposteurs ; ils n'ignorent pas que
leur système, soi-disant politique, n'est, dans son
origine, qu'une conspiration de la part des plus
forts et des plus fourbes, contre le trop faible et
crédule genre humain, laquelle n'est devenue per-
manante dans les mains des gouvernans, leurs succes-

seurs , que par l'habitude que les gouvernés ont
contractée des chimères imposantes et des mensonges grossiers qui servent de fondement à leur
système politique de dépravation et d'horreur.
Comment peuvent-ils donc vivre et dormir tranquilles , sur un volcan dont les éruptions peuvent,
à chaque instant , leur faire éprouver le même
sort qu'à tant d'autres , qui les ont précédés , et les
engloutir aujourd'hui , plus que jamais , qu'une
grande nation a secoué le joug de la tyrannie et de
l'imposture ;qu'elle ne s'est levée, ne s'est armée et ne
vole à la victoire contre les tyrans et les imposteurs
de l'Europe , que pour apprendre aux hommes que
la nature les ayant fait naître tous égaux , libres et
avec les mêmes droits à ses bienfaits , l'ordre moral
ou social n'a pu être institué , ni consenti par eux ,
que pour les maintenir égaux , libres , et les faire
jouir de tous les moyens de connaître , de cultiver ,
de perfectionner les bienfaits dont la nature les a
comblés , pour ne les employer qu'à se rendre et
se conserver heureux les uns par les autres.

En effet , la sensibilité des hommes est le seul
vrai fondement de la morale naturelle , et par conséquent de la morale civile ; car tout ce qui n'est
point naturel , ne peut point entrer dans la civilisation des hommes ; et parce que, si les hommes
étaient nés insensibles , comme le marbre , il leur
serait indifférent d'être taillés en pièces ; et alors
le code de la nature , ainsi que tous ses bienfaits ;
comme le code des tyrans et des imposteurs , ainsi
que leurs appareils de baïonnettes dans ce monde ,

d'enfers et de supplices éternels dans l'autre, ne les affecteraient pas plus que ne le seraient des statues de bronze.

Oui, la sensibilité des hommes tient à leur constitution naturelle, qui tient [à la] constitution universelle, ou à l'existence politique de l'univers, qui n'est qu'une association de tous les êtres, sous la régie de celui qui en a fait les mises, avec tous les moyens de les faire valoir, à qui par conséquent tout appartient, ainsi que l'existence des hommes et toutes leurs actions, si ce n'est qu'ayant été constitués libres de su[iv]re [l]es bonnes inspirations, comme de rés[ister aux ma]uvaises, le mal qu'ils font, avec l'inte[ntion de l]e commettre, est la seule chose qui puisse leu[r app]artenir, parce qu'eux seuls en sont offensés, et non la divinité qui est impassible et inoffensible, soit qu'ils vivent, ou non, en société, suivant les rapports qu'ils ont essentiellement avec Dieu, comme leur cause première, et avec la nature, comme leur cause seconde ; et les rapports qu'ils peuvent établir entre eux à leur choix, comme agens libres, et ne pouvant relever, sous ce rapport, ni de Dieu, ni de la nature, mais uniquement de leur volonté et de leur conscience, pour le bon ou le mauvais usage qu'ils sont libres de faire des facultés de leur corps et de leur esprit, ainsi que des autres bienfaits dont la nature les a comblés, comme nous l'avons dit plus haut.

Ce n'est donc qu'à cause de leur sensibilité naturelle, que les hommes ont eu le plus de besoin que les brutes, qui ne vivent pas naturellement en

société , d'établir entr'eux des rapports de réunion
et d'association de toutes les facultés de leur
corps et de leur esprit, pour se garantir des injures
des élémens , des bêtes féroces et même de leurs
semblables ; comme aussi pour cultiver la terre et
ses productions , et concourir chacun , par son tra-
vail, pour acquérir son droit de part , aux moyens
de pourvoir à leurs différens genres de besoins et
d'agrémens ; comme nous voyons que cela se pratique chez les castors , les fourmies et les abeilles ;
à cela près que chez les animaux , comme dans la
nature , tout obéit nécessairement aux lois immuables de l'auteur de tout ce qui existe ; et que les
hommes n'obéissent qu'à leur volonté , qui les
rend indépendans , comme nous l'avons dit plus
haut , d s lois immuables de la nature ou de son
auteur, qui a constitué les hommes parfaitement
libres du choix des moyens de s'éclairer et de se
conduire entr'eux ; et qu'ils ne se sont perdus et
dépravés , que pour n'avoir pas suivi l'ordre établi
par la nature et l'exemple de ces petits animaux
vivant en société.

Il est étonnant que , depuis tant de siècles,
leur sensibilité naturelle offensée , sous tous les
rapports ; l'expérience de tant de maux , tant de
lumières acquises , ne les aient point encore avertis
des causes de leurs égaremens ; que les hommes
n'aient pas senti la nécessité de rentrer dans le sein
de la nature , leur mère commune , pour y puiser
toutes les vérités et les règles sûres , sans lesquelles
il est impossible de se bien éclairer , ni de se bien

conduire en société ; et que n'étant point nés avec
la connaissance ni de leur être , ni d'aucune règle
sûres pour s'éclairer , ni se bien conduire , ils ne
se soient pas encore occupés de l'établissement d'une
civilisation régénératrice , et d'une instruction publique dans l'art social , qui n'a jamais existé , qui
n'a jamais été proposé, ni traité par aucun écrivain ;
le seul auquel la destinée des hommes est essentiellement liée ; le seul auquel tous les arts , toutes
les sciences , toute la morale et tous les genres
d'industrie doivent essentiellement se rapporter ,
et sans lequel il est impossible d'obtenir un ordre
vraiment moral et politique , ni d'organiser une
société vraiment civile , ainsi que j'en ai tracé le
projet, les principes et le plan dans le *Cathéchisme
du genre humain* , et les *Entretiens du père Gérard*.

L'homme ne peut être que l'ouvrage de l'éducation et de l'habitude , dans l'ordre moral ou social
ou politique, qui ne peut être que l'ouvrage des
hommes éclairés par l'expérience du malheur, et
par le flambeau de la nature leur mère commune ;
comme l'ordre physique ou la nature elle-même ,
et par conséquent les hommes qui en font essentiellement partie, ne peuvent être que l'ouvrage de
la divinité : jusqu'à quel degré faut-il donc que leur
malheur s'élève ? jusqu'à quel degré faut-il que leur
dépravation se manifeste pour leur faire sentir la
nécessité de rentrer dans la nature , et de ne puiser
que dans le sein de cette mère commune , les vérités
et les règles sûres dont ils ont essentiellement besoin
pour se bien éclairer et se bien conduire , afin de

porter au plus haut degré de perfection, les dispositions qui les rendent susceptibles de s'éclairer et
de se conduire comme des dieux sur la terre, pour
n'en faire qu'un séjour de délices, de paix et de
bonheur?

Que leur corps soit donc enfin exercé et perfectionné dans tous les genres d'exercices, pour les
rendre vigoureux et adroits; que leur esprit soit
élevé et perfectionné dans la connaissance et la
pratique de tous les arts de nécessité, d'utilité et
d'agrément, ainsi qu'à tous les genres de culture,
pour mettre à profit les bienfaits dont la nature les
a comblés, par le pur amour et le seul intérêt de
se rendre et de se conserver heureux les uns par
les autres; mais que, pour cet effet, on leur fasse
contracter autant d'horreur pour la propriété et
l'or, qui ont opéré leur dépravation et leur malheur, que le code des tyrans et des imposteurs,
dans lequel ils ont été élevés jusqu'à présent, leur
en a fait contracter d'amour et d'ambition.

TROISIÈME PARTIE.

Le seul programme qui soit relatif au sujet important que nous traitons ici, est celui que publia
l'académie de Dijon, conçu en ces termes : « Quel
» est l'origine de l'inégalité parmi les hommes,
» et si elle est autorisée par la nature. » Je n'ai eu
connaissance de ce programme, que par le discours
fameux, qui m'a tombé depuis peu sous la main,
du trop célèbre citoyen de Genève, qui l'a dédié

à *ses très magnifiques seigneurs* ; après avoir remporté le prix ; quoiqu'il n'eût traité que la première
partie du programme, et qu'il ne se fût pas expliqué
sur la seconde, non moins intéressante. Or, comme
ce discours m'a paru aussi singulier dans ses principes et ses conséquences, que l'auteur dans sa
manière de vivre ; et qu'ils sont inconciliables avec
les principes et les conséquences de celui-ci, je
crois devoir m'en occuper, pour l'intérêt de la
vérité, qu'il n'a cherchée que dans la dépravation
existante des hommes, et non dans la nature, qu'il
a méconnue et avilie dans l'homme ; ainsi que pour
l'intérêt de ceux qui n'en ont été que trop et pourraient encore en être égarés.

En commençant la deuxième partie de son discours, il s'exprime ainsi : « Celui qui, le premier,
» ayant enclos un terrain, a dit, *ceci est à moi*, et
« a trouvé des gens assez simples pour le croire,
» fut le *vrai* fondateur de la société civile » ; et par
une contrariété de principe et une inconséquence
de raisonnement inconcevables, il dit immédiatement après : « Que de crimes, que de guerres, que
» de meurtres, que de misères, que d'horreurs
» n'eût point épargné celui qui, arrachant les pieux,
» ou comblant le fossé, eût dit à ses semblables :
» gardez-vous d'écouter ces imposteurs ; car si vous
» oubliez que les fruits sont à tous, et que la terre
» n'est à personne, vous êtes perdus ! »

Je demande si celui qui, le premier, a dit *ceci
est à moi*, vivait ou non en société avec ses sembles ? au premier cas supposé, je réponds qu'il
répugne qu'un homme, parce qu'il a déclaré vou

loir faire bande à part, qu'il a retiré sa mise, pour
la faire valoir pour son compte personnel, puisse
être regardé comme le *vrai* fondateur de la *société
civile*; il est évident, au contraire, qu'il ne peut
en être regardé que comme le premier détracteur,
et le *vrai* fondateur de l'insociabilité civile.

Au second cas supposé, que les hommes ne vi-
vaient point en société, à cette époque, il implique
contradiction que son homme puisse être regardé
comme le vrai fondateur de la société civile, puisqu'on suppose qu'il n'y avait point alors de civilisation, et que, dans l'un comme dans l'autre cas,
il implique contradiction qu'un homme, qui déclare
s'emparer d'un morceau de terre, pour le cultiver
pour son compte ; qui veut faire bande à part d'avec
ses semblables, puisse être regardé comme un
fondateur de société ; sous ces deux rapports, cet
homme n'a fait que ce que son égoïsme brutal lui
a suggéré, sans dessein de nuire à ses semblables,
qui, n'en sachant pas davantage, ont été libres
d'en user de même, sans dessein de se nuire, ni
sans aucune idée de propriété ; comme l'avoue
Jean-Jacques, lui-même, au même endroit, en
supposant qu'à cette époque, l'idée de la propriété
n'était pas encore formée ; et encore parce qu'il est
impossible de la réaliser par aucune convention
humaine.

Mais en supposant que l'exemple de cet homme
ait été suivi par ses semblables, et que chacun eût
fait la même déclaration ; supposons même que par
l'habitude, ou par une convention expresse, ils
eussent fait une loi de la propriété, cela prouverait

tout au plus que chacun a voulu faire bande à part ,
et cultiver la terre que chacun aurait enclos, pour
son compte personnel , et qu'ils s'en sont fait une
loi ; mais, sous tous ces rapports, il impliquerait
contradiction, que tous ces gens-là fussent regardés
comme les vrais fondateurs , mais uniquement
comme les détracteurs de la société, et les vrais
fondateurs de l'insociabilité civile, et par conséquent les premiers auteurs de l'inégalité morale
parmi les hommes, les premiers artisans de leur
dépravation et de leur destruction les uns par les
autres ; ainsi que Jean-Jacques l'a dit ci-dessus ;
à moins que l'idée qu'on attache au mot *imposture*,
ne soit, dans l'eprit de Jean-Jacques, l'idée que
nous attachons au mot *vérité* ; à moins que l'idée
que nous exprimons par le mot *insociabilité*, ne soit,
dans l'esprit de Jean-Jacques, l'idée que nous attachons au mot *société* ; à moins enfin que l'idée que
nous attachons au mot *dépravation*, ne soit, dans
l'esprit de Jean-Jacques, l'idée que nous attachons
au mot *civilisation*.

Quel nom donnera-t-il donc à celui qui a dit à
ses semblables : *Gardez-vous d'écouter cet imposteur,
car si vous oubliez que les fruits sont à tous, et que
la terre n'est à personne, vous êtes perdus ;* puisqu'enfin le voilà celui qui eût dû être le vrai fondateur de la société civile ; car c'est lui qui en pro-
clame le vrai fondement, qu'il a puisé dans le sein
de la nature.

La voilà cette vérité naturelle que les hommes
auraient dû et pû, comme ils le devraient et le
pourraient encore aujourd'hui , prendre pour règle

naturelle, et par conséquent infaillible de leur civilisation, de leur association, de leur instruction,
de leur institution et de leur perfectionnement dans
les sciences, les arts et tous les genres d'industrie
relatifs à la culture des bienfaits dont la nature
les a comblés, et qui n'auraient fait de la terre
qu'un séjour de délice, de paix et de bonheur ;
au lieu que par l'institution contre nature de la
propriété, qui n'est qu'une chimère qu'aucune convention humaine ne peut réaliser, ils en ont fait
un théâtre de crime, de guerre, de meurtre, de
misère et d'horreur.

Oui, quelque convention que les hommes puissent
faire, je les défie de réaliser d'autres moralités que
celles d'usage, usufruit, jouissance pendant leur
vie de tout ce que la nature a mis à leur disposition ;
mais pour de propriété, cela répugne : parce que
leur être, et tout ce qui existe dans la nature, ne
peut appartenir qu'à celui qui a tout fait, et dont
il est impossible de le déposséder, à moins que,
comme les tyrans et les imposteurs en ont imaginé
la folie, pour dépraver et pour perdre les hommes,
on ne se mette à sa place, comme certains ma-
niaques, qui se qualifient de père éternel, dans
les Petites-Maisons.

Mais ce qu'il y a de plus singulier, c'est que
Jean-Jacques est d'avis qu'il ne peut pas exister de
société civile, sans l'institution contre nature de
la propriété ; il regarde même son assertion, à cet
égard, comme une vérité démontrée ; car il ne s'en
fait pas la moindre question, ni n'en donne aucune

preuve ; cependant il regarde la propriété comme
une imposture et comme la cause de l'inégalité
parmi les hommes, et par conséquent de tous leurs
malheurs.

Ce qu'il y a encore de bien singulier, c'est que
pour sortir de ce théâtre de crime, de guerre, de
meurtre, de misère et d'horreur (ce sont ses ex-
pressions), il donne le choix ou de rentrer dans
l'état primitif de l'homme, dont il rend la condition au-dessous et plus malheureuse que celle des
brutes ; ou de suivre sa maxime, dont il fait l'éloge :
« Fais ton bien au moindre détriment de ton sem-
» blable que tu pourras.

Voici ce qu'il dit, à l'égard de l'homme primitif,
dans la première partie de son discours, en parlant
des maladies qui sont la suite nécessaire des excès
auxquels les hommes se livrent dans leur état actuel
de dépravation, pour n'avoir pas été civilisés, ni
organisés en société, comme ils auraient pu et dû
l'être :

« Si la nature nous a destinés à être sains, j'ose-
» rais presque assurer que l'état de réflexion est
» un état contre nature, et que tout homme qui
» médite, est un animal dépravé ».

Peut-on porter l'extravagance jusqu'à ce point,
que d'oser presque assurer que, dans quelque position que l'homme puisse se trouver, dans son état
primitif, l'état de réflexion soit un état contre
nature, et que tout homme qui médite soit un
animal dépravé ? N'est-ce pas vouloir anéantir les
fondemens de la constitution naturelle de l'homme,

et de la morale naturelle, en lui ôtant la sensibilité, la pensée, la perfectibilité, et rendre sa condition inférieure à celle des brutes, auxquelles il donne la sensibilité, la pensée et une sorte de perfectibilité, pour pourvoir à leurs besoins naturels ? car voici ce qu'il dit des brutes.

« Tout animal a des idées, parce qu'il a des sens : » il combine même ses idées, jusqu'à un certain » point, et l'homme ne diffère de la bête, que du » plus au moins...... Ce n'est donc pas tant l'en- » tendement qui fait, parmi les animaux, la dis- » tinction spécifique de l'homme, que sa qualité « d'agent libre ».

Que de contradictions dans les idées de Jean-Jacques, et que d'inconséquences dans ses raisonnemens !

Si l'homme, dans son état primitif, fût un agent libre, il a donc le choix des moyens de faire son bien ou son mal : il faut donc qu'il réfléchisse et qu'il médite, pour déterminer sa volonté ou son choix; et Jean-Jacques ose presqu'assurer que l'état de réflexion est un état contre nature, et que tout homme qui médite est un animal dépravé !

Qu'entend-il donc par cette qualité d'agent libre, qui, selon lui, forme la seule distinction spécifique de l'homme, d'avec les brutes ? Qu'il le dé- clare, comme il s'efforce de nous le prouver, que cette qualité d'agent libre n'a été donnée à l'homme que pour le choix des moyens d'opérer son malheur et celui de ses semblables. En effet, il qualifie de vrai fondateur de la société civile, le premier voleur

de la terre, le premier et le vrai fondateur de l'insociabilité civile, le premier artisan de la dépravation et de la destruction des hommes , qu'il accuse
cependant lui-même d'imposture , et de n'avoir fait
de la terre qu'un théâtre de crime, de guerre, de
meurtre , de misère et d'horreur : il qualifie de
société civile , une association fondée sur l'imposture , l'insociabilité , la dépravation et la destruction des hommes ; et il regarde comme une vérité
démontrée , qu'il ne peut pas exister de société
civile , sans propriété ; et pour nous tirer de l'état
d'horreur dans lequel sa société civile nous tient
enchaînés , il ne nous donne que le choix , ou d'aller
vivre dans les antres des forêts , sous le régime et
le gouvernement des brutes , ou de suivre la maxime
qu'il nous donne comme la plus sage , « fais ton
» bien au moindre détriment d'autrui, que tu pour-
» ras » , qui est celle qu'ont suivi , jusqu'à présent,
les voleurs et les assassins.

O Jean-Jacques ! il fallait que vous fussiez né
le plus dépravé ou le plus insensé des hommes ,
pour avoir produit un système aussi monstrueux ,
qui ne tend à rien moins qu'à nous prouver que les
hommes naissent essentiellement dépravés , en ce
que leur qualité d'agent libre se réduit à n'avoir
à choisir que dans les moyens d'opérer le mal ;
heureusement que vous ne faites que nous le donner
à entendre , par un préjugé qui n'est qu'une chimère
que vous posez en principe , et nous donnez hardi-
ment comme une vérité démontrée , et dont toutes
vos conséquences sont aussi absurdes ; système par

(51)

conséquent le plus capable qu'aucun de ceux qui ait
paru jusqu'ici, de servir à la cause des tyrans et des
imposteurs.

Je ne m'étonne pas que Voltaire, à qui il avait
envoyé un exemplaire de cet ouvrage, lui ait répondu qu'il était trop vieux pour apprendre à mar-
cher à quatre pattes.

Je ne m'étonne pas que le gouvernement d'alors
l'ait accueilli, comme un monument le plus favorable au maintien de la tyrannie et de l'imposture ;
puisqu'il est appuyé sur l'impossibilité qu'il existe
une société civile, sans *propriété ;* comme sur une
vérité démontrée ; et que le remède qu'il propose
pour en guérir le venin, est pire que le venin même.

J'aimerais à croire que Jean-Jacques avait, à
cette époque, une arrière pensée, et qu'il n'a produit son paradoxe, que pour provoquer contre
lui le courroux de la véritable philosophie, plutôt
que celui de la tyrannie et de l'imposture ; parce
qu'il chassait dans leur enclos, et qu'il n'a caressé
le lièvre, que le programme de l'académie de Dijon
avait fait lever, que pour appeler tous les chasseurs,
qui, dans un tems plus favorable, pourraient faire
feu sur la bête, sans danger de compromettre leur
liberté et leur vie.

Mais Jean-Jacques est mort sans avoir déclaré
cette arrière pensée ; au contraire, puisque, dans
plusieurs endroits de ses autres ouvrages, il a
affirmé, sans le prouver, que l'homme avait plus
gagné que perdu dans sa société civile ; ce qui est
encore une erreur et une inconséquence des idées

qu'il a consignées dans son discours ; car l'homme, dans son hypothèse de société civile, n'a pu que se dépraver et se perdre ; ainsi qu'il en est d'accord ; au lieu de se perfectionner et de se conserver, comme il l'aurait pu et dû, et comme il le pourrait et le devrait encore, s'il avait été ou était encore aujourd'hui civilisé et organisé en société, sans la chimère de la propriété ; car les tems sont arrivés où il est enfin permis de chasser dans l'enclos de la tyrannie et de l'imposture, et de faire feu sur un gibier qui, depuis trop long-tems, ne cesse de ravager la terre ; ainsi que de tonner contre tous ceux qui consacreraient, par leurs écrits, l'institution contre nature de la propriété, qui n'a opéré que la dépravation et la destruction des hommes, comme la base fondamentale de leur civilisation ou de l'ordre social, ou qui, pour les guérir du poison qui a infecté tous les germes de leur perfectionnement, ne présenteraient, comme Jean-Jacques, que des remèdes qui sont pires que le mal.

Le gouvernement français n'en usa pas de même, en 1786, à l'égard de l'auteur du discours contre les servitudes publiques ; parce que les principes en étaient bien différens de ceux de Jean-Jacques : le citoyen Sauvigni, alors censeur de la police, me dit qu'il avait été obligé de soutenir thèse contre le lieutenant de police de Crosne, pour le faire passer ; j'ai appris depuis, par le même citoyen, aujourd'hui commandant des quatre compagnies des vétérans du Corps législatif, qu'un de ses capitaines, ci-devant prévôt de la maréchaussée de

Paris, lui avait dit qu'à cette époque, il était chargé de me surveiller et de me faire suivre. L'ouvrage fut étouffé à son apparition : il en fut de même du Catéchisme du genre humain, qui n'était qu'un développement des principes consignés dans le discours contre les servitudes publiques : la première édition en fut distribuée à l'assemblée constituante, la veille du décret qui mit tous les biens du clergé sous la main de la nation, et dénoncée, quelques mois après, par le ci-devant évêque de Clermont, à cette même assemblée, qui, par un décret, le renvoya au comité des rapports, pour en faire l'examen et en rendre compte : ce décret n'a pas été exécuté, comme il n'a pas non plus été rendu aucun compte de la deuxième édition, beaucoup plus étendue que la première, distribuée à la Convention nationale ; sans doute parce que, dans l'une comme dans l'autre, je démontrais, d'après les principes fondamentaux des droits de la nature et des gens, la constitution naturelle de l'homme, les lumières acquises et l'expérience de tous les siècles ; je démontrais, dis-je, que le système de civilisation, originairement et progressivement établi par les tyrans et les prêtres, n'avait pu opérer que la dépravation et la destruction des hommes, les uns par les autres ; ainsi que la nécessité d'une instruction publique, dans les principes de la démocratie, sans laquelle il était impossible d'obtenir une civilisation, une association, ni un gouvernement salutaires.

Je ne fais cette sortie, qu'afin de provoquer les

lumières et le zèle des écrivains démocrates, pour
en user contre le système des tyrans et des imposteurs, comme je n'ai cessé d'en user avant et depuis
la révolution française ; comme aussi pour censurer
ma doctrine, par les mêmes motifs que je censure
celle de Jean-Jacques, qui n'a que trop malheureusement contribué à faire consacrer la plus homicide des chimères du système politique des tyrans
et des imposteurs, par l'article XVIII de la déclaration des devoirs, dans l'acte constitutionnel de
l'an 3, portant que c'est sur le maintien des propriétés, que repose tout l'ordre social ; au lieu
d'avoir décrété, comme je le demandais, que les
possessions demeurent sous la protection et la direction de la loi ; et par conséquent à faire légitimer
tous les genres de crimes et de brigandages des
gouvernans et des gouvernés, qui n'avaient pas
de propriétés, et qui s'en sont emparés, suivant
la maxime de Jean-Jacques, « fais ton bien au
» moindre détriment d'autrui que tu pourras, »
laquelle n'a pas peu contribué à faire acquitter les
plus grands voleurs et les vendeurs de la république, qui ne pouvaient avoir pour juges que des
gens habitués au même système de dépravation,
de brigandage et d'horreur, dans lequel ils avaient
été élevés et nourris comme les autres ; j'ajouterai
aussi que l'article de la déclaration des droits renferme une erreur également funeste, en ce qu'il
porte que le gouvernement ne peut exister sans
la division des pouvoirs, » au lieu d'avoir dit, sans
l'organisation du pouvoir national ; expression,

par conséquent, qui fait entendre qu'il existe autant de différens pouvoirs, que de différentes autorités constituées, lesquelles, par conséquent, ont du pouvoir, comme dans l'ancien régime ; depuis l'époque où les rois de la troisième race s'étaient emparés de la souveraineté du peuple, et par conséquent du pouvoir national, inséparable de la souveraineté, et indivisible comme elle ; ce qui fait que notre régime nouveau a produit plus d'horreur qu'on n'en peut compter depuis l'établissement de la monarchie en France ; et que sa constitution ne vaut pas, à beaucoup près, celle qui existait du tems de Charlemagne, où le pouvoir n'existait que dans la loi, et non dans les personnes, qui n'avaient que des devoirs à remplir ; comme cela devrait être aujourd'hui, plus que jamais, qu'on a décrété l'égalité et la liberté ; et que, s'il existe du pouvoir dans la personne des gouvernans, il n'y a plus de liberté, ni d'égalité ; mais de la tyrannie et de l'esclavage ; ainsi qu'on en a fait la triste et déplorable épreuve, dont rien ne garantit les gouvernés, au contraire.

Car c'est ce fatal pouvoir, accordé au Directoire, par l'article CXCVI de l'acte constitutionnel, qui a porté les ex-directeurs à annuler les élections du peuple, et à ne choisir que des gens à leur dévotion, pour former la représentation nationale et les administrations des départemens, et à commettro toutes les horreurs dont ils ont été accusés et acquittés sans examen ; ce qui prouve que la souveraineté du peuple, l'égalité et la liberté décrétées

comme les bases fondamentales de la constitution
ou nouvelle existence politique des Français ,
ne sont que des vaines abstractions ; puisque leur
gouvernement, qui n'a pu être institué que pour
les en faire jouir , n'a été organisé que pour les en
dépouiller : témoins les articles cités , et ceux qu'on
pourrait citer encore , qui veulent que le peuple
ne soit pour rien dans les réclamations à faire contre
des erreurs aussi funestes , qui ne peuvent provenir
que de la dépravation dans laquelle les gouvernans
ont été élevés , nourris et habitués , encore plus
que les gouvernés , qui en sont les victimes.

Je reviens à mon sujet : qu'il me soit permis
d'observer que Jean-Jacques ne s'est égaré , que
par une suite de son caractère singulier et de son
âcreté , qu'il a fait passer jusque dans le premier
baiser de son Eloise , et qui le rendait plus sus-
ceptible d'animadversion contre tout ce qui cho-
quait son personnel , que ne le sont en général
les hommes élevés et habitués à vivre dans les
sociétés familières , qu'il n'aimait pas. Sa sensibilité lui peignait ses amis comme des monstres ,
si leurs procédés ne répondaient pas à tout ce qu'il
s'imaginait être en droit d'en attendre : ses que-
relles avec eux , sa misanthropie et ses ouvrages
mêmes , ne viennent que de l'idée qu'il avait de
son mérite et de ses talens. Musicien , poëte , ma-
thématicien , philosophe , moraliste , son plus
grand talent était d'écrire avec une plume de feu ,
qui donnait à ses idées plus de pouvoir de faire
admirer l'écrivain , que d'opérer la conviction ;

soit que ses idées fussent puisées, ou non, dans la
nature, qu'il n'a vue dans l'homme que dans l'état
de dépravation où elle est encore aujourd'hui ;
mais non dans l'état où elle devrait être ; et c'est
dommage que, nous ayant annoncé à la fin de son
Contrat social, que le gouvernement démocratique
était le meilleur de tous, mais qu'il ne pouvait être
établi que chez un peuple de dieux, il n'ait pas
employé tout son talent à nous prouver la nécessité
et la possibilité d'élever tous les hommes dans les
principes de la démocratie, pour n'en faire que
des peuples de dieux, plutôt qu'à nous dire, sans
nous le prouver, et nous le donner comme une
vérité démontrée, qu'on ne pouvait en faire que
des voleurs et des assassins, sinon des polipes am-
bulans et errans dans les forêts, sous le régime des
bêtes féroces.

Qu'avait besoin Jean-Jacques de remonter par
delà le déluge, pour chercher l'origine de l'inégalité
des conditions parmi les hommes, ainsi que de la
propriété, qui a couvert la terre d'un déluge de
maux. Ce n'est pas dans le tems, ni dans les siècles
reculés, que cette origine existe, c'est dans la
constitution naturelle des hommes, dont nous
avons fait l'analyse plus haut : or, leur constitution
naturelle est la même aujourd'hui, que dans le
tems de son origine, à cela près qu'elle est plus
dépravée, par le progrès et l'habitude des chaînes
et des institutions contre nature des tyrans et des
imposteurs, chez les peuples soi-disant civilisés,
que chez les sauvages, qui n'en veulent point,

comme les Hottentots, et ceux de l'Amérique, qui
aiment mieux laisser en friche, ne point cultiver,
ni perfectionner les bienfaits dont la nature les a
comblés, plutôt que de s'exposer au danger de ne
les faire servir qu'à leur perte; comme les peuples
que nous appelons civilisés, dont ils méprisent la
ridicule vanité, autant qu'ils en redoutent l'ambition et les fureurs, par le scandale et l'exemple
qu'ils en ont éprouvés.

Si Jean-Jacques avait parcouru la nature avec
le flambeau qu'elle a donné à tous les êtres pensans,
il eût vu que les hommes n'apportent, en naissant,
que des dispositions qui les rendent susceptibles
des plus grands biens, comme des plus grands
maux, aujourd'hui, comme dans leur origine; car
ils n'ont pas plus changé dans leur constitution,
que les autres animaux ont changé dans la leur;
avec un égoïsme, des passions et des appétits,
comme en apportent, en apparence, les autres
animaux, qui, à présent comme à leur origine,
les inclinent à s'emparer de tout ce qui les flatte
ou excite leurs appétits; et que, n'ayant jamais
été civilisés, ni instruits, ni réprimés, les plus
forts ont fait toujours la loi aux plus faibles, comme
les animaux qui n'ont pas été apprivoisés, ménagés
et réprimés; que si, aujourd'hui, les hommes
rentraient dans leur état primitif, demain les plus
forts en useraient de même, et que les choses
iraient de mal en pis, jusqu'à ce que, revenant
sur leurs pas, et mettant à profit l'expérience du
malheur et les conseils des plus sages, ils prissent

le parti d'établir des écoles , des ateliers et des académies d'éducation, pour apprendre à connaître tous les bienfaits de la nature , à les cultiver, à les perfectionner , à se les communiquer, pour se rendre heureux les uns par les autres. Ce n'est donc point dans la nuit des tems , ni dans l'origine des hommes , qu'il faut chercher les causes de leur dépravation et de leurs malheurs ; c'est dans leur constitution naturelle, qui les rend aujourd'hui, comme dans tous les tems, susceptibles d'opérer le bonheur ou le malheur de leur destinée : ainsi, quant à la question de savoir s'il est aussi possible de les civiliser et de les organiser en société , sans la chimère de la propriété ; qu'il a été aisé de les dépraver par l'établissement de cette institution contre nature de la propriété , l'affirmative, d'après les principes éternels de la nature, ne fait pas une question.

La propriété est une véritable chimère, une fiction contre nature, qu'aucune convention humaine ne peut réaliser : l'homme peut bien se défaire de la vie, et abuser de tout ce que la nature a mis à sa disposition ; il n'en est pas, pour cela, propriétaire : il ne peut n'en avoir que l'usage et l'usufruit ; soit qu'il se tue , soit qu'il abuse de tout ce qu'il a au pouvoir de ses facultés.

De là vient que Jean-Jacques n'a pu nous donner, ni raisonner d'après la notion qu'on nous donne de la propriété, dont il nous dit que l'idée n'était pas encore formée à l'époque de son *vrai fondateur*.

Jus utendi abutendi suâ re. Quelle idée ! quelle

définition ! le droit d'user et d'abuser *de sa chose :* le droit d'user, oui, c'est le seul que la nature ait donné aux hommes ; mais le droit d'abuser ne peut pas être un droit : car tout droit tend à conserver. Il ne peut en exister aucun qui tende à nous détruire ; du moins ce droit là ne peut pas être compris dans la notion que l'on nous a donnée du droit, en général, *ars œqui et boni*, l'art de ce qui est équitable et bon ; mais *sua re*, qui veut dire *de sa chose*, eh ! comment peut-on prouver que c'est sa chose ? La convention, dira-t-on ; mais la convention prouve seulement qu'on est convenu d'une chimère, car il est impossible de concevoir qu'une chose puisse appartenir à celui qui ne l'a pas faite ; à moins qu'il n'en rapporte le contrat d'acquisition, signé de la main de celui qui l'a faite, et de celui qui la tient à sa disposition : or, c'est Dieu qui l'a faite, et qui n'a pu en donner que l'usufruit ou l'usage qui suffit à l'homme pour ses besoins ; c'est donc une folie et une chimère véritable, qu'une pareille convention ; comme toutes celles qu'il a plu aux tyrans et aux imposteurs d'imaginer et d'établir, pour égarer, opprimer, dépraver et perdre les hommes.

Le même, ancien membre de l'académie française, Fontenelle, disait : « Si avant de tirer vanité » de quelque chose, nous voulions nous assurer » qu'elle nous appartient, il n'y aurait guère de » vanité dans le monde ».

En un mot, la propriété de la terre n'est qu'une convention, pour avoir le droit ou le privilège de faire mourir de faim, de soif ou de froid, celui qui n'a pas de possesion, si mieux n'aime ce dernier se rendre esclave du propriétaire, et ce dernier l'agréer à cette condition, sinon puni comme voleur ou assassin. Cette convention a bien pu se faire, comme celle de s'emparer de la puissance céleste et terrestre, d'établir un droit de vie et de mort, un droit de guerre, etc.; mais il n'en est pas moins vrai que toutes ces conventions ne peuvent être que des preuves de la folie et de l'ignorance des hommes ; mais non la preuve qu'ils en aient le droit, ni qu'ils l'aient acquis. Ce n'est que sous la garde des baïonnettes, dans ce monde, et des furies ou des démons, dans l'autre, que les tyrans et les imposteurs ont mis la minute du contrat de leur acquisition de l'empire du ciel et de la terre, pour être dispensés de nous la faire voir et de justi-fier de leurs droits.

Le bon Horace nous a conservé le discours du cultivateur Osellus à ses enfans, à l'occasion du vol de son champs, par un nommé Umbrenus.

« O mes enfans, leur dit-il, la nature n'a pas
» établi Umbrenus, ni moi, ni personne, pro-
» priétaire de cette terre ; ce malheureux nous en
» a chassé : l'injustice ou l'ignorance de la chicanne
» ou certainement un héritier l'en expulsera
» un jour. Ce champ, aujourd'hui, d'Umbrenus,
» et qui était celui, il n'y a pas long-tems, d'Osel-
» lus, n'appartiendra à personne ; mais il servira
» à l'usage, aujourd'hui, de moi, de main à celui

» d'un autre : armez-vous donc de courage, et ne
» vous laissez jamais abbattre par l'adversité ».

Cet homme rustique connaissait mieux la nature
que l'auteur de l'Émile ou du Contrat social, qu'on
a qualifié d'homme de la nature ; à la réputation
duquel le gouvernement a pris grand soin de con-
tribuer, pour accréditer d'autant le service signalé
qu'il lui avait rendu par son discours sur l'origine
de l'inégalité des conditions parmi les hommes, en
supposant qu'il ne pouvait pas existér de société
civile sans propriété ; ce qui m'a déterminé à reprendre la plume contre un ouvrage qui ne tend
à rien moins qu'à rendre incurable la dépravation
du genre humain, et à perpétuer les causes des
malheurs et de la destruction des hommes les uns
par les autres.

Jean-Jacques, l'homme de la nature ! lui qu'on
dirait n'avoir démaillotté le corps des enfans, au
berceau, de leurs langes, que pour mieux emmail-
lotter le corps et l'esprit des hommes, avec les
chaînes de la tyrannie et de l'imposture ! lui, qu'on
dirait n'avoir restitué aux enfans le sein de leur
mère, que pour dégoûter davantage les hommes
du sein de la nature, et ne les alaiter que de l'homicide venin de leur dépravation, pour en rendre
la maladie plus incurable par la force de l'habitude.

Si Aristote, si Descartes lisaient le discours de
Jean-Jacques ! nous étions, diraient-ils, des maîtres
fous d'avoir dit que les hommes étaient des animaux
raisonnables et sensibles ; où il faut que leur cons-

titution naturelle ne soit plus la même, puisqu'on croit, aujourd'hui, qu'ils ne sont libres d'être raisonnables et sensibles, que pour se dépraver et rendre leur condition inférieure et plus misérable que celles des brutes, auxquelles on donne, aujourd'hui, des sens, un entendement, des idées et des combinaisons, pour n'obéir qu'à la nature, sans la liberté de se dépraver.

Pour prouver combien il est aisé d'élever, de civiliser et d'organiser les hommes en société, sans la chimère de la propriété, et qu'elle n'a servi qu'à la dépravation entière des hommes, je ne citerai ici que l'exemple de Diogène, qui en avait conçu une telle horreur, qu'ayant vu un homme puiser de l'eau pour boire avec sa main, il jeta sa tasse, comme pouvant s'en passer ; et il était si convaincu que la propriété n'avait servi qu'à opérer la dépravation des hommes, que se promenant en plein jour dans les rues d'Athènes, avec une lanterne, il répondait à ceux qui lui en demandaient la raison, *je cherche un homme.*

. Alexandre-le-Grand ayant eu la curiosité de voir Diogène dans son tonneau, et ce dernier ayant rejeté ses superbes offrandes, lui demandant, pour toute grâce, de se retirer de devant son soleil ; Alexandre, éclairé par cette demande, plus que par toutes les leçons d'Aristote, ne put s'empêcher de dire à ses courtisans que « s'il n'avait pas été » élevé pour être Alexandre, il voudrait être » Diogène ».

Ce qui prouve que l'homme n'est que ce qu'on

le fait ou ce qu'il se fait lui-même ; par l'éducation qu'on lui donne, ou qu'il acquiert par l'expérience et les lumières qu'il en recueille.

L'histoire des hommes ne présente qu'un Diogène, mais beaucoup d'Alexandre : ce n'est pas que je veuille faire leur éloge, comme ils le mériteraient, s'ils avaient rendu de grands services à l'humanité.

Diogène mettait autant d'orgueil et de vanité à se passer de tout ce qui flatte les appétits et l'ambition des hommes (le reproche lui en a été fait), qu'Alexandre à s'en emparer : mais le rôle de Diogène était infiniment plus difficile que celui d'Alexandre. Tous les deux sont également soumis à la censure de la saine morale, qui ne regarde les hommes, plus ou moins grands, plus ou moins bons, que selon que, par leurs lumières ou par leurs actions, ils ont plus ou moins éclairé leurs semblables, et rendu plus ou moins de service à l'humanité ; et même selon que leurs motifs ont été plus ou moins purs et désintéressés : comme il paraît qu'étaient ceux d'Aristide et de Thémistocles, quoique toujours en opposition sur les moyens d'opérer le bonheur de leur patrie, dont ils n'ont éprouvé que de l'ingratitude pendant leur vie, par une suite des noirceurs des prêtres, et de la dépravation générale qu'ils avaient opérée alors, comme aujourd'hui ; car du tems de Platon, les prêtres avaient dénoncé et fait condamner à mort cinq généraux, qui avaient sauvé la république du joug de Lacédémone, pour avoir négligé d'enterrer les soldats morts dans le combat ; et Socrate, un an après, pour avoir embrassé leur défense, sous le prétexte qu'il enseignait une doctrine qui n'était pas la leur ; comme aujourd'hui des gouvernans, plus monstres que les prêtres, ont dénoncé le vainqueur des perfides tyrans de Naples, de la Toscane et du Piémont. Ombre de Hoche ! ô France ! ô vous, illustres compagnons des travaux du conquérant de l'Italie ! ô vous, peuples rendus à la liberté et alliés de la grande nation, dites nous quel homme on a envoyé à la place de Championnet, et pourquoi on vous a vendus et livrés à la fureur de la nouvelle coalition ?

Quid non mortalia pectora cogis,
Auri sacra fames !

Je ne citerai, pour prouver la nécessité de proscrire la propriété, que cet axiôme du sage Loke : « Il ne saurait y avoir d'injure, où il n'y a pas de » propriété ».

Je crois donc avoir démontré que non-seulement il était aussi possible de civiliser les hommes et de les organiser en société, sans propriété, qu'il avait été facile de les dépraver et de les perdre par l'établissement de cette chimère ; mais encore qu'il était impossible qu'il y eût une société véritable et politique, lorsqu'elle aurait pour fondement la *propriété,* qui ne peut être que le fondement, ni n'établir que l'intérêt de l'*insociabilité,* ainsi que de tous les genres de vice, de crime et de supplice.

Je sais que l'habitude de la propriété en a fait un préjugé plus fort qu'aucune des autres chimères du système politique des tyrans et des imposteurs, et qu'il est aussi difficile d'en guérir ceux qui ont secoué le joug de toutes celles du fanatisme, qu'il serait dangereux pour qui entreprendrait de déraciner ces dernières dans l'ame des dévots et des dévotes, qui en sont infectés jusqu'à la rage. J'en ai raisonné quelquefois avec des gens d'esprit, qui sont convenus, avec moi, que le système social était une véritable dépravation ; mais que pour vivre en société, il avait fallu que les hommes fissent le sacrifice d'une partie de leurs droits naturels, pour conserver l'autre ; et que, quoique la propriété fût une institution contre nature, il avait fallu l'établir pour pouvoir vivre en société.

Quoique j'aie répondu à cette objection, je ne puis me dispenser d'y revenir, pour achever de combattre le plus funeste de tous les préjugés, qui n'a été que trop malheureusement accrédité par le paradoxe immoral et absurde de Jean-Jacques, et la trop célèbre réputation qu'on a faite à cet écrivain.

J'ai démontré que tous les droits de l'homme ne pouvaient exister que dans la nature, qui n'a pu lui en donner que l'usage, et avec laquelle les hommes n'ont pu transiger, non plus qu'avec et entr'eux, sur le sacrifice d'une partie de ces droits, sans que ce sacrifice n'ait entraîné la perte de l'usage de tous les autres ; parce qu'ils sont tous inséparables, qu'ils ne peuvent se diviser que mentalement et par abstraction ; et qu'il faut que l'ordre moral soit organisé de façon à les faire jouir de la plénitude de ces droits, ou qu'ils en soient entièrement dépouillés ; qu'il faut qu'ils soient civilisés, élevés, perfectionnés et organisés en société, ou pour être tout-à-fait égaux, libres et ayant chacun les mêmes droits aux bienfaits de la nature, ou qu'ils ne soient élevés que pour être tout-à-fait brutes, tout-à-fait esclaves, et qu'ils n'aient, pour pourvoir à leurs besoins physiques, que ce qu'il plaira à leurs gouvernans de leur donner et de leur permettre ; et encore restera toujours la question principale à décider, s'il est impossible d'organiser une civilisation et une association salutaire, ou un véritable ordre moral, sans l'institution contre nature de la propriété, que j'ai prouvé mathématiquement ne pouvoir se concilier avec ce qui constitue l'essence de toute société ; en ce qu'elle n'établit qu'un principe et une cause insurmontable d'*insociabilité* : car, faire bande à part, travailler chacun pour son compte personnel, répugne et implique contradiction avec ce que nous appelons *société*. Ce sont deux idées qui se détruisent l'une par l'autre ; comme font les hommes, depuis qu'ils ont fait la sotise de les unir et de les réaliser ensemble : de là vient que chez les individus, les familles et les peuples, les plus forts et les plus fourbes font toujours la loi aux plus faibles et aux plus crédules ; de là vient que chaque individu, chaque famille, chaque peuple et leurs gouvernans, ne s'occupent qu'à faire leur bien au détriment les uns des autres ; de là vient que la classe la plus laborieuse est obligée de nourrir, d'entretenir et de servir la classe des gouvernans, de leurs agens, des fénéans, des voleurs, des assassins, des mendians qui forment la classe la plus nombreuse ; de là vient enfin le proverbe *chacun pour soi, et Dieu pour tous.*

En effet l'existence de l'homme, dans le système politique des tyrans et des imposteurs, ne pouvant trouver aucune garantie assurée dans les gouvernans, ni dans leurs lois, qu'on peut violer malgré leur bonne volonté, ne peut être due qu'à une vigilance et une sûreté particulières de la providence, à qui seule je suis convaincu d'être redevable de ma vie, par les dangers que je me rappelle avoir courus, et dont, ni le gouvernement, ni moi, n'auraient pu me garantir; au lieu que, si l'ordre moral ou social était organisé de façon que les hommes ne fussent élevés, civilisés et organisés en société, que pour apprendre à connaître les bienfaits dont la nature les a comblés, à les cultiver, à les perfectionner, chacun selon les dispositions qu'il apporte en naissant, et à se les communiquer, uniquement pour l'amour de leurs semblables, et par le seul intérêt de se rendre et de se conserver heureux les uns par les autres, le résultat des travaux de tous pourvoirait, et au-delà, à tous les différens genres de besoin de nécessité, d'utilité et d'agrément de chacun des membres de la société.

Alors, du moment que cet ordre moral, qui est le seul véritable, serait établi, on pourrait compter d'avoir, au bout de quelques années, de bons gouvernans et de bons gouvernés; car il est impossible d'en avoir, tant que le système de dépravation des tyrans et des imposteurs existera; et que si on veut en avoir, il faut les faire; alors on serait assuré de jouir de la plénitude de ses droits, et d'en faire jouir ses semblables; alors tous les membres de la société se disputeraient à l'envi à qui inventerait plus de moyens de se rendre et de se conserver heureux les uns par les autres ; alors tous les vices et les crimes seraient bannis de la terre des hommes; alors on ne dirait plus *chacun pour soi, et Dieu pour tous*; mais bien *chacun pour tous, et tous pour chacun.*

Cependant comme il est moralement impossible de supprimer la propriété, à cause de l'habitude, pendant la génération présente, ni l'usage du numéraire ; et qu'on ne peut pas passer, d'un instant à l'autre, d'un état de dépravation, d'abrutissement et d'esclavage, à un état parfait de civilisation et d'ordre social, je demanderais qu'elle ne fût pas reconnue comme la base sur laquelle appuie tout l'ordre social, mais comme étant sous la protection et la direction de la loi, qui, par une sage et bonne police, en préviendrait les inconvéniens, jusqu'à ce que la communauté naturelle, sans laquelle il est impossible qu'il y ait de véritable société, ni d'ordre moral, fut rétablie chez les hommes, qui en perfectionneraient toutes les mises et en donneraient l'exemple avec les règles aux peuples sauvages, ainsi qu'à toutes les nations qui, par la suite des tems, ne formeraient, avec nous, qu'une seule et même famille, dans l'ordre moral ou social, comme ne formant qu'une seule et même espèce, dans l'ordre physique ; ne feraient de la terre qu'un séjour de délices, de paix et de bonheur, sans autre religion que celle d'en rapporter tout le mérite au souverain maître de l'univers, à qui tout appartient.

Qu'on ne dise pas que ce soit un rêve, car alors il faudrait que la nature, qui n'indique point d'autres lumières, ni d'autres règles pour civiliser, élever, perfectionner et organiser les hommes en société, fût un rêve; que leur existence ou leur constitution naturelle, qui les en rend susceptibles, fût un rêve; que les lumières acquises, que les monumens, les différens genres de productions et d'inventions de leur génie, quoique sous le régime et comme esclaves des tyrans et des imposteurs, fussent aussi des rêves ! Eh ! que ne feraient-ils pas sous l'empire des lumières et le règne de la liberté, s'ils ne s'élevaient, ne se civilisaient, ne se perfectionnaient et ne travaillaient que pour tous, et par le seul intérêt de se rendre et de se conserver heureux les uns par les autres, suivant les principes et le plan que j'en ai tracés dans le Cathéchisme du genre humain et les Entretiens du père Gérard, auxquels on pourrait ajouter, si on voulait, comme on le devrait, s'occuper de l'établissement d'une instruction publique dans l'art social, sans laquelle, je le répète, point de véritable société civile, ni de bons gouvernans, ni de bons gouvernés.

Si fallor, me, diva docens natura fefellit.

ESSAI PHILOSOPHIQUE

SUR LE FONDEMENT

DES OPINIONS RELIGIEUSES,

ET

DE LA DESTINÉE DE L'HOMME.

CE monde, amis, n'est qu'un passage,
Par où les hommes, à tout âge,
S'en vont, de la vie, à la mort,
Maudissant, plus ou moins, leur sort,
Depuis que les bâtards de notre premier père,
S'étant appropriés, et le ciel, et la terre,
Ont pris pour fondement de leur société,
L'or homicide et la propriété ;
Qu'à la place de la nature,
La tyrannie et l'imposture,
La soif de l'or, nous font la loi,
Ont dépravé le cœur, l'esprit, la bonne-foi.
La mort, qu'on nous peint si terrible,
N'est qu'un sommeil doux et paisible,
Qui décompose et rend notre corps assorti
Aux élémens dont il était sorti.
Mais cependant que deviendra notre ame,
Par qui l'on conçoit le desir,
Qui fait qu'on aime et qu'on s'enflamme,
Qu'on sent la peine et le plaisir,
Qui nous donne l'intelligence

Et nous acquiert la connaissance
De l'ordre, et du bien, et du mal,
Et du physique, et du moral ;
Pour qui tout n'est qu'image et qu'apparence ;
Qui veut, ne peut apercevoir l'essence
Du plus chétif atôme, et ne sait pas comment
Notre corps obéit à son commandement :
Qui, ne sachant ce qu'elle est elle-même,
Perce le voile épais d'une ignorance extrême ;
Mesure, et la terre, et les cieux,
Lance son regard curieux
Vers la voûte azurée, et veut y reconnaître
L'ordre et les élémens des globes radieux,
Et de là pénétrer jusqu'au souverain maître,
Par qui nous desirons et croyons pouvoir être
Aussi parfaitement heureux.
Le voilà, mes amis, ce sublime problème
Qui se résout par chaque nation,
Selon le préjugé de sa réligion ;
Mais sur lequel chacun peut se faire un système :
Or, s'il faut vous dire le mien,
Je crois en Dieu, quoique né bon chrétien ;
Dieu n'est pas un vengeur, un monstre, une furie,
Comme on l'a fait, pour le maintien
De la loi parricide, et du *mien* et du *tien*,
Source de tant d'horreur, de guerre et de folie.
Dieu ne peut opérer que le juste et le bien,
(Heureux, à l'imiter, l'homme qui s'étudie !)
Je crois donc qu'à l'instant qui rompra le lien
Qui me fait tenir à la vie,
Mon être étant l'effet du sien,
A son intelligence ou substance infinie,
Mon ame sera réunie ;
Et qu'alors verra s'accomplir,
Rien n'étant fait envain, cet immense desir
Qu'en ce bas monde on ne peut satisfaire :

Je conçois cet événement ;
Sans la religion, sans la foi , sans mystère ;
Dieu me donne en naissant la nature pour mère,
   Qui dit à mon entendement
   Qu'en mourant, Dieu, toujours bon père,
D'un fils n'opère point l'anéantissement,
   Non plus que l'éternel tourment,
   Tel qu'un tyran dans sa colère,
Qui m'a fait élever comme un vil instrument
  De son orgueil, de son égarement,
   Pour n'opérer que ma misère ;
   Au lieu de l'établissement
   D'un salutaire enseignement
   Qui n'apprit à tous qu'à bien faire.
   La mort n'est donc qu'un changement
  De cette vie, en un sort plus prospère.
   L'ame, n'est point un élément ;
Le matérialisme est donc sans fondement.
   La notion d'esprit et de matière
   Est convenue, elle est si familière,
Que de leur mixtion, de leur identité,
   Nous verrions, sinon la manière,
   Du moins la possibilité,
Mais, on ne concevra jamais que la barrière
   De l'incompatibilité.
De penser, d'ordonner, de voir, la faculté
Serait également étrangère à la pierre,
En supposant que Loke eût dit la vérité :
Ce serait opposer cet auteur à lui-même,
Que de vouloir parer de son autorité,
Sur son monstre idéal, l'étrange absurdité.
Le matérialisme est donc un faux système,
Qu'à produit, adopté le faible jugement
De ceux qui n'ont que l'œil pour tout entendement.
Je ne suis pas non plus de l'avis d'Epicure,
Qui donne l'univers et son ordre au hasard,

Malgré les visions et l'art
Du système de la nature,
Qui veut que nous soyons au hasard échappés,
Comme rafle de six, avec cent dés pipés.
Le mouvement dans la matière,
Sans cause, ni fabricateur,
Et le hasard ordonnateur,
A la terre ont prescrit sa forme et sa carrière;
Aux astres ont donné le cours et la lumière:
Voilà donc l'univers, son ordre et ses beautés,
Par trois chimères enfantés.
De ce ridicule système,
L'énorme contradiction
Prouve que son auteur lui-même
N'a cherché que l'illusion
Sur sa propre conviction,
Et d'une intelligence, et d'un pouvoir suprême,
A qui tu dois l'existence et le jour,
Insensé, qui ne vois de Dieu que la matière,
Imposteur, qui pretends lui ravir en retour,
Son être, son pouvoir, ses bienfaits, sa lumière,
Pour les donner, à qui? tu réponds, au hasard:
Je vois, j'ai pénétré le secret de ton art,
Dans cette monstrueuse et si grotesque fable:
Tu n'en es pas l'insensé fabricant;
Tu n'en es qu'un coupable et qu'un vil trafiquant.
Lorsqu'à mon souvenir cet écrit se rappelle,
Avec l'impiété de ses folles raisons,
Qui donnent au hasard la puissance éternelle,
Je voudrais voir l'auteur et tous ses compagnons,
Nourris, par le hasard, aux Petites-Maisons.
S'il est donc vrai que la matière,
Le hasard, ni le mouvement,
Dont on a démontré le faux ou le néant,
Et qu'on sent malgré soi, n'être qu'une chimère,
N'ont pu former le monde et la lumière:

Il suit essentiellement,
Qu'il existe un auteur de qui l'intelligence
Répond à leur splendeur , à leur magnificence.
          La terre , la lune , les cieux ,
Et cette immensité de globes radieux ,
Ne se sont point formés , arrangés par eux-mêmes :
La terre l'a nommé son Dieu , l'Etre suprême ,
Eternel , infini , n'existant que par lui ;
Tout puissant , il fait tout , de tout il est l'appui :
Il se connaît lui seul , lui seul connaît l'essence
Des œuvres qu'à nos yeux étale sa puissance ;
          Mais de son vaste et superbe univers ,
Il ne produit en nous qu'une faible apparence ,
Et notre entendement ne peut voir au travers ,
          Que son éternelle existence.
          Cette existence et sa nécessité ,
Sont d'une certitude ou d'une vérité ,
Pour notre entendement , plus frappante et plus sûre ,
Que ne l'est , pour nos yeux , celle de la nature :
Je le prouve; notre œil ne voit rien au-dehors ;
C'est un arrangement de fibres , de ressorts
Qui n'a su se former que sous la main divine ,
          Pour recevoir au fond d'une rétine ,
L'image des objets et leur impression ,
          Par le moyen de la lumière ,
          Dont la prompte réflexion
Franchit , en un clin-d'œil , la plus vaste carrière ,
Par l'électricité de l'air , dont sa matière
Echauffe les ressorts , les met en action ,
Pour en former en nous l'imagination,
C'est une vérité que notre expérience ,
Et démontre , et constate à notre intelligence :
L'oreille ainsi reçoit et le bruit et le son :
Tout agit sur nos sens d'une égale façon.
          La nature n'est qu'une glace ,
          D'où l'œil ne fait que recevoir . . . . .

La répétition des objets à sa face,
        Comme il la reçoit d'un miroir :
        Leur proximité, leur distance
        Se répètent également.
        L'habitude du sentiment
        Et le défaut d'expérience,
        Causent l'erreur et l'ignorance
        De ceux qui croyent voir au-dehors,
        La proximité, la présence,
        Avec la distance des corps.
        Qu'on en juge par le langage
        D'un Africain brute et sauvage,
        Qui, devant moi, se regardait
        Dans une glace, et qui cherchait
        Par tout, derrière, son image.
Tel fut aussi le trait qui creusa le tombeau
        Du beau Narcisse au bord de l'eau.
        S'il est donc vrai que la nature
        N'opère en moi que de sensation,
Et que de moi sur elle, une égale action
Ne me rapporte point son être et m'en assure ;
        Il est donc vrai que mon entendement
        Ne peut, à moins d'un faux raisonnement,
        A son existence conclure ;
        Il agirait contre son sentiment.
        On ne peut pas tirer la conséquence
        De l'apparence à la réalité ;
Je n'ai donc par mes yeux aucune vérité
        Sur la nature ; ainsi ma conscience
No peut certifier que les affections
        Qu'occasionne sa présence ;
Et qui ne sont pour moi que des présomptions
        De sa véritable existence,
        Mais non pas une connaissance.
J'ai donc prouvé mes propositions.
        D'ailleurs, de mes sensations,

Qui m'assurera que la cause,
Que tout ce qu'à mes yeux cette nature expose,
Ne peut pas être autant d'illusions?
Mes faibles yeux, dans la nature,
N'allez point chercher mon auteur;
Mon entendement et mon cœur
Me tracent une route infiniment plus sûre :
Quand je combine les rapports
De mon existence avec elle,
Mon entendement voit alors,
Il examine, il me révèle
Cette immensité de trésors
D'une intelligence éternelle :
Il me découvre les ressorts
Par qui sa puissance infinie
Fait germer, et donne la vie,
Le mouvement, à tous les corps.
Mes besoins et ma dépendance,
De mon être le sentiment,
Me prouvent mieux son existence,
Que la voûte du firmament.
Les objets qui frappent ma vue
Peuvent n'être qu'illusions;
Mais c'est par leurs impressions,
Que mon âme est plus convaincue
D'une éternelle vérité,
Que par mes sens, d'une réalité.
Quand, par une cause seconde,
Tout sur la terre se féconde,
Ces miracles n'ont rien d'étonnant pour les yeux;
Mais mon entendement, surpris et curieux,
Ne voyant point d'analogie,
De règle, de proportion,
Mais une distance infinie,
D'une cause impuissante, à sa production,
S'élève à la cause invisible,

Et dans son admiration,
Voit l'être à qui tout est possible,
Et qu'un germe aveugle, insensible,
N'est qu'une faible occasion.
Si ce que je vois dans le monde
Ne m'eût dit comment je suis né,
Je n'eusse jamais deviné
Que ce fût ma cause seconde :
Malgré la nature et son cours,
Plus je réfléchis, plus je pense,
Moins je conçois cette apparence ;
Rien ne me dit que les amours
Soient l'occasion de mes jours.
Puisque tout se passe en moi-même,
Et qu'hors de moi je ne vois rien,
Quand je pense, l'Etre suprême
Se présente à chaque entretien :
Ce n'est pas que, dans son ouvrage,
Tout ne m'annonce l'éternel ;
S'il n'en produit qu'en moi l'image,
C'est qu'il veut mon cœur pour hommage,
Et pour son temple, et son autel :
Le sentiment de l'existence,
Qui doit me suivre après ma mort,
En m'unissant à sa substance,
Me fera puiser au trésor
De sa divine bienfaisance,
Un bonheur au-dessus de l'or.
Croirai-je qu'il me le ravisse,
Ce sentiment qu'il m'a donné ?
Un philosophe couronné (1)
Prétend qu'il faut que tout périsse ;
Que la mort nous remet, comme avant d'être né :
A-t-il assez bien combiné

----

(1) Frédéric II, roi de Prusse.

Le sujet de sa conséquence ?
J'ai démontré, sans l'ornement,
Sans l'intérêt, sans l'arrogance
D'un volume de fausse ou vaine connaissance,
Mais par un seul, très-juste et très-clair argument,
Que ne saurait détruire aucun raisonnement,
Ni l'effort combiné de toute la science
Que l'on pourrait tirer de chaque monument
De la moderne extravagance ;
J'ai, dis-je, démontré, fait voir évidemment,
Que si mon corps formait une substance,
Elle était étrangère à mon entendement,
Et n'avait de rapport avec le sentiment,
Que par celui de l'apparence ;
Ce qui sappe le fondement
De cette injure à la divine essence.
A-t-on jamais retiré son bienfait
Sans une cause légitime ?
Son neveu s'en ferait un crime ;
Son auteur, quelqu'il soit, serait-il moins parfait ?
Il faudrait donc que sa philosophie,
Pour me persuader, parvînt à me prouver
Que, qui m'a su donner le sentiment de vie,
N'a pas pu me le conserver.
O mes amis ! voilà mes rayons de lumière,
Sur moi, sur mon auteur et sur ma fin dernière.
Puissent-ils éclairer notre gouvernement
Sur la nécessité de l'établissement
D'une éducation pour apprendre à connaître
Aux hommes, ce qu'ils sont, et ce qu'ils doivent être !
Dans l'art de se détruire on sut les élever,
Qu'on leur apprenne enfin l'art de se conserver.
Leur bonheur, dans ce monde, est sous leur dépendance ;
Dans l'autre, il ne dépend que de la providence.
L'homme, pendant sa vie, est maître de son sort,
Et la Divinité, maîtresse, après sa mort.

ERRATA.

Page 3, ligne 24, *tout le* ; lisez *tout les.*

P. 5, à l'av. der. l., *plu* ; lisez *plus.*

P. 8, l. 19 et 21, *rénumérateurs* ; lisez *rémunérateurs.*

P. 10, l. 14, *e* ; lisez *et.*

P. 21, l. 10, *Pitt, tenait* ; lisez *Pitt tenait.*

P. 32, l 13, *s'exprimer* ; lisez *exprimer.*

P. 42, l. 5., *règle sûres* ; lisez *règle sûre.*

P. 44, l. 20, *ces imposteurs* ; lisez *cet imposteur.*

P. 62, l. 4, *ou* ; lisez *et.*